550년
여주
두 번째 이야기

# 550년 여주

## 두 번째 이야기

김춘석 지음

스타북스

우리 고장이 "여주"라는 이름을 얻은 지 553년이 지났습니다.

1469년(예종 1년) 세종의 영릉을 서울 대모산에서 북성산 자락으로 이장하기 전까지는 "여흥"이라 불리었습니다.

5년 전에 "550년 여주 이야기" 책을 냈습니다.

이 책을 출간하게 된 계기는 2012년 경찰서장으로 부임한 분의 요청에 응할 수 없었기 때문이었습니다. 그는 근무지에 대해 알고 싶다고 여주를 소개한 책자를 군청에서 받아보기를 원하였으나 당시 적당한 책자가 없었습니다. 할 수 없이 2005년 발간한 "여주군사 (전 7권, 4,799쪽)" 한 질帙을 보내드렸는데 미안하기 짝이 없었습니다.

여주를 간략히 소개하는 책이 한 권은 있어야겠다는 생각과 이

책이 여주 시민들의 애향심을 고취시키길 기대하며 책을 냈었습니다. 그런데 첫 출간한 책은 여흥에서 여주로 지역 명칭이 바뀐 후 550년을 대상으로 하다 보니 여주의 위상이 높았던 조선 시대를 주로 다루었습니다.

이에 일제 강점기의 독립운동가, 근현대의 주요 사항이나 인물, 특히 여주시 승격에 도와주신 분들을 추가로 알릴 필요가 있어 두 번째 550년 여주 이야기를 쓰게 되었습니다.

이 책에 실린 사진의 대부분을 제공해 준 여주시청 시민소통담당관실 홍보팀 이영숙 주무관과 여주박물관 조원기 학예연구사께 감사의 말씀을 전해드립니다.

이번에 두 번째 출간한 책에 여주 관련 주요 사항이나 인물인데도 게재되지 못하였거나 수록 내용 중에도 부족한 부분이 많을 것으로 생각됩니다. 독자분들의 많은 지도와 편달을 부탁드립니다.

2022년 10월

김춘석

**차례**

# 제2장 여주 관련 인물

**4대강 살리기 사업 관련 자료**

# 제1장

# 여주의 인문 지리

5/5/0/년 여/주/이/야/기

# 1

## 삼국시대부터
## 군사적 요충지인 여주

유사 이래 높은 산과 큰 강은 적의 침입을 막는 방어선으로 인근에 성을 쌓고 군대를 주둔시켰다. 남한강 중류에 위치한 여주도 삼국시대부터 군사적 요충지이었다.

삼국사기에 따르면 백제 온조왕 40년(22년)과 초고왕 49년(214)에 말갈이 금사면 이포리 남한강가에 있는 술천성述川城을 공격해왔다는 기록이 있다.

또한 남한강을 사이에 두고 술천성과 마주하고 있는 대신면 천서

파사성(아래)과 술천성이 있는 건너편 산(가운데는 이포보)

리 파사성婆娑城은 신라 파사왕(80~112) 때 축성되었다는 설이 있었으나 신라의 한강 진출과 관련하여 신라 중기에 축조된 것으로 추정하고 있다.

여주는 고구려 장수왕 63년(475)에 고구려 영토가 되었다가 신라 진흥왕 11년(550)에는 신라 영토가 되었다.

진흥왕 17년(556)에는 여주에 군사기지로 골내근정骨乃斤停을 설치하였고 신라가 삼국을 통일하고 전국을 구주오소경九州五小京으로 개편할 때에도 골내근정을 한산주漢山州에 속한 군사기지로 유지하였다.

이 골내근정은 북성산北城山의 신지리성지新池里城址로 추정하고 있다.[1]

이후 여주는 임진왜란 때 여러 번 등장한다.

충주 탄금대에서 신립 장군의 조선군과 싸웠던 고니시 유키나가小西行長가 이끄는 왜군은 여주와 양근(양평), 용진(양평 양수리)을 거쳐 동대문을 통하여 한양으로 입성하였다.[2]

1  여주군사편찬위원회, 여주군사 제1권, 2005년, 6쪽
2  조선왕조실록, 선조실록 26권, 선조 25년 5월 3일

임진왜란이 일어나던 해 강원도 조방장으로 있던 여주 출신 원호元豪는 패잔병과 의병을 규합하여 신륵사에 있던 왜군을 섬멸하고 여주 목사 겸 경기강원방어사로 임명된 후 구미포(현 양평군 개군면 구미리), 마탄(여주 영월루 아래) 등지에서 왜군을 물리쳤다.

무어장군 추모전적비

그리고 임진왜란 중 영의정 유성룡의 건의로 승군총섭僧軍總攝인 의엄義嚴에게 대신면 천서리의 파사성을 보수토록 하고 이 성의 방비도 그에게 맡겨 남한강의 길목을 지키도록 하였다.[3]

6.25 전쟁 시에는 북한 인민군 15사단이 춘천, 홍천을 지나 여주를 거쳐 장호원, 충주로 내려갔다.

1951년 2월 24일에는 중공군에 대한 반격을 위해 여주에서 남한강 도하작전을 지휘하던 미국 육군 제9군단장 브라이언트 무어(Bryant E. Moore) 장군이 헬리콥터 추락으로 전사하였다. 이 무어 소

---

3    여주군사편찬위원회, 여주군사 제1권, 2005년, 308-309쪽

장의 추모전적비가 남한강 도하지점인 여주시 단현동 강천보 인근에 세워져 있다.[4]

6.25 전쟁 후 1969년 3월에 북한의 기습 남침 시 미국 본토에서 증원군을 파병할 수 있는 능력을 시험하는 포커스 레티나(Focus Retina) 훈련을 시작하였다.

당시 미국 본토에서 82 공정사단 병력 2,500명이 수송기를 타고 31시간 날라왔는데 이 중 700여 명이 여주 남한강변인 대신면 양촌리 일대에 직접 낙하하는 장면은 장관이었다.

이 한미연합 공수기동 훈련은 프리덤 볼트(Freedom Volt, 1971), 팀스피리트(Team Spirit, 1976), 키 리졸브(Key Resolve, 2008) 등의 훈련으로 명칭을 변경하여 이어져 왔다.

최근에는 미군이 참여하지 않더라도 호국훈련의 일환으로 국군의 사단급 남한강 도하훈련이 여주시 연양동, 강천면 이호리, 금사면 이포리 등지에서 거의 매년 실시되고 있다.

---

4   유엔평화기념관(SNS), 무어 장군 추모전적비, 기념사업-국내기념시설

# 2

# 4대강 사업으로 국가 예산
# 1조 901억 원이 투입된 여주

4대강 사업은 이명박 정부(2008.2-2013.2)가 추진했던 사업으로 4
대강 살리기 사업, 4대강 정비사업 등으로도 불린다.

대통령 후보 시절 공약으로 제시하였던 서울에서 부산까지 내륙
수운으로 잇는 "한반도 대운하 사업"이 거센 반대에 부딪히면서 방
향을 전환하여 추진한 사업이었다.

이 사업은 수해 예방, 수자원 확보, 수질 개선, 수변 복합공간 조
성, 지역발전 등을 목표로 4대강(한강, 낙동강, 금강, 영산강)을 정비하는
사업이었다.

동 사업은 국가 예산 22조 2,000억 원을 들여 4대강에 보(洑) 16개, 댐 5개, 저수지 96개 등을 만들고 강바닥 준설(5.7억 제곱미터), 홍수 조절지와 수변 생태공원(225곳) 조성, 자전거 도로(1,728km)과 체육시설 등을 설치하는 것이었다.

2008년 12월에 4대강 사업 추진을 발표하고 2009년 7월에 영산강 유역을 시작으로 본격적으로 착공하여 2011년 10월에 완료하였다.[5]

우리 고장 여주에는 한강 살리기 사업비 1조 3,859억 원의 79%인 1조 901억원을 투입하여 3개 보 건설(여주보, 강천보, 이포보), 자전거 도로 개설(72.1km), 한강 준설(수위 1.0-1.9m 저하), 체육시설(야구장, 축구장 등)과 캠핑장 설치 등으로 남한강과 주변 모습을 바꿔놓았다.[6]

4대강 사업 이전까지 여주는 수도권 상수원인 팔당댐 상류에 위치하여 상수원 보호구역, 자연 보전권역 등으로 지정되어 개발의 손길이 미치지 못하였고 남한강이 매년 여름 집중호우 때마다 홍수 피해를 일으켜도 속수무책이었다.

그런데 중앙정부에서 남한강을 정비, 개발하겠다고 나서니 여주 군민들은 여주가 골내근현이란 이름으로 역사에 처음 등장한 이래

5  나무위키, 4대강 정비사업
6  경인종합일보, 한강 살리기 최대 수혜지역 여주 2010.8.17

남한강 준설(근경)

이포보

1,500년 만에 찾아온 발전의 기회라고 적극 환영하였다.

이런 상황에서 2010년 6월 지방자치단체 선거 결과 4대강 사업을 반대하는 민주당과 진보 진영의 후보(광역 및 기초자치단체의 장)가 과반수 당선되었다.

경상남도(김두관 지사)와 충청남도(안희정 지사)에서는 4대강 사업의 졸속 추진, 환경 생태계 훼손 등을 검증할 위원회를 구성하고 공사를 거부하기도 하였다.

여주에서는 2010년 7월 22일 새벽 4대강 사업을 반대하는 환경운동 연합 소속 3명이 공사 중인 이포보 교각 위에 올라가 고공농성을 시작하며 여주가 4대강 사업 찬반분쟁의 중심지로 부각되었다.

이에 여주군민들은 이포보가 있는 대신면, 금사면은 물론 다른 지역 주민들까지 이포보와 인근 장승공원에 와서 맞불 찬성 집회를 하였다.

특히 이포보 교각 위에서 고공농성을 시작한 지 한 달이 되는 8월 21일에는 여주군 녹색성장실천협의회(회장 : 황순걸) 주관으로 여주 군민 1,800여 명이 이포대교와 장승공원 등에서 3km의 인간 띠 잇기 행사를 하여 전국 매스컴의 조명을 받았다.

환경단체의 이포보 농성은 공사장에서 퇴거하라는 법원의 판결을 받고 40일 만에 중지되었다.

공사 중인 이포보 교각(4대강 사업을 반대하는 3명이 고공 농성한 곳)

여주군의 6.25 참전 유공자회, 녹색성장 실천 협의회, 281개 이장단 협의회 등을 비롯한 여러 사회단체 회원들과 일반 군민들도 솔선하여 여주시민회관, 여주농협 등 앞에서 4대강 사업 찬성 집회를 하고 경기도의회, 국회 앞 등에까지 원정 집회를 하였다.

4대강 사업지역 시, 군 중에서 주민과 사회단체들이 자발적으로 4대강 사업 찬성 집회를 개최한 곳은 여주군이 유일하다.

다른 4대강 사업지역에서도 시장, 군수들의 4대강 사업 찬성 인터뷰, 사회단체들의 찬성 현수막 설치 등이 이어지고 중앙정부의 강한 사업 추진 의지로 4대강 사업 반대 여론과 투쟁은 잦아들었다.

이포보 농성 중단 촉구 여주 군민 결의대회

그러나 4대강 재자연화再自然化를 공약으로 내건 문재인 정부에서
는 대통령이 취임 직후인 2017년 5월 4대강 보 수문 개방을 지시한
후,7 환경부 국가물관리위원회에서 2020년 9월 금강의 세종보는
해체, 공주보는 부분 해체, 백제보는 상시 개방을 결정하고 영산강
에서도 죽산보 해체, 송촌보 상시 개방 등을 결정하였다.

이후 보의 상시 개방은 시행되었으나 보의 해체는 인근 농민들의
농업용수 확보를 위한 반대로 이루어지지 않고 있었다.

---

7   조선일보, 2022. 4.5

국회 앞 4대강 살리기 사업 찬성 집회

2022년 5월 10일 출범한 윤석열 정부에서는 4대강 보 활용을 공식화하면서 문재인 정부의 재자연화 정책을 폐기하였다.

환경부는 7월 18일 윤석열 대통령 업무 보고를 통해 4대강 보狀물을 이용해 여건과 수질을 종합적으로 고려한 최적 운영방안을 마련하겠다고 밝혔다.

이어 농번기와 가뭄 시기에 4대강 보의 물 이용이 필요하다고 분석하고, 평상시 4대강 보 수위를 유지하기로 결정했다.[8]

---

8   평화뉴스, 녹조 심각한데, 윤석열 정부 '4대강 보 활용'…"재자연화 반발". 2022.7.20

여주에서는 3개 보 설치, 남한강 준설 등에 따라 2011년 이후 4대강 사업의 홍수 예방 효과를 시민들이 확실히 체감하고 있었기 때문에 보 해체나 상시 개방 등의 문제가 제기되지 않았다.

## 1. 김문수 도지사의 50여 분간 전화

2010년 6월 2일 지방선거에서 재선에 성공한 김문수 경기도지사가 6월 8일 여주 강천보 건설 현장을 방문하였다.

지방선거에서 4대강 사업을 반대하는 민주당과 진보 진영의 광역 및 기초단체장 후보가 과반이 당선되며 4대강 사업을 재검토해야 한다고 목소리를 높일 때이었다.

김 지사는 강천보 현장을 둘러보고 공사 관련 직원들과 저녁 식사를 한 후 수원으로 돌아갔는데 오후 10시경 그로부터 필자에게 전화가 걸려왔다.

전국적으로 4대강 사업 반대 분위기가 일고 여주지역 환경단체 등의 반대가 강하기 때문에 필자가 앞장서서 4대강 사업 찬성 여론을 조성해야 한다는 말씀이 이어졌다.

7월 1일 군수로 취임하기 전에는 당선자 신분으로 제약이 많다고 답하였으나 4대강 사업으로 한강 유역 시, 군 가운데 여주군이 가장

김문수 경기도지사의 강천보 건설 현장 방문

많은 혜택을 받게 되어 있으니 취임 전이라도 할 수 있는 방안을 최대한 찾아보라고 역설하였다.

전화를 끊고 나니 10시 50분 가까이 되어 장시간에 걸친 김문수 도지사의 열정적인 태도에 감탄하지 않을 수 없었다.

다음 날부터 여주군 사회단체장들을 찾아다니며 당선 인사와 함께 4대강 사업의 필요성을 강조하였다. 6월 17일에는 조선일보 강천석 논설위원을 방문하여 4대강 사업 찬성 기고문의 신문 게재를 부탁하여 6월 22일(화요일) 자 신문 독자 투고란에 실리도록 하였다.

당선자 신분으로 여주군 사회단체장들을 방문하여 4대강 사업의

맹형규 행정안전부 장관의 여주보 건설 현장 방문

당위성을 설명한 것이 7월 이후 9월까지 여주 군민들이 4대강 사업 찬성 집회에 자발적으로 참여토록 하는데 큰 도움이 되었다.

더 나아가 4대강 사업 관련 다른 시, 군에서 하지 않은 여주 군민들의 4대강 사업 찬성 집회는 2년 후 여주시 승격 추진 과정에 경기도, 행정안전부 등의 협조를 얻는데 밑거름이 되었다고 생각한다.

여주 4대강 사업을 측면 지원한 김문수 전 도지사와 4대강 사업 찬성 집회에 자발적으로 참여한 여주 군민들께 감사하다는 말씀을 드린다.

## 2. 여주 군민 "인간 띠 잇기 행사"

2010년 8월 21일 이포대교에서 "여주 군민 인간 띠 잇기 행사"가 있었다.

한 달 전인 7월 22일 4대강 사업을 앞장서서 반대하는 환경단체의 3인이 이포보 건설 현장 교각에 올라가 고공농성을 시작하였다.

이들을 격려 응원하기 위해 환경단체 관계자들은 이포보와 마주한 장승공원에 상황실을 마련하고 고공 농성자들과 연락을 취하고 있었다.

또한 주말이면 4대강 사업 반대자들이 버스 한두 대로 내려와 동조 집회를 하였다.

필자는 공직에서 물러나기 전 2년 동안 국무총리 국무조정실에서 한강 이북의 주한미군을 경기도 평택으로 이전하는 사업의 담당자(주한미군대책기획단 부단장)이었다.

반미단체들이 적은 인원으로 홍보 효과를 높이기 위해 불법 점거농성, 촛불집회, 인간 띠 잇기 행사(많은 사람들이 서로 손에 손을 맞잡고 길게 띠처럼 늘어선 시위) 등을 하는 것을 여러 번 보아왔다.

이포보 고공농성 한 달째가 되는 날도 4대강 사업 반대단체들이 대규모 집회를 열 것이라 예상하였다.

여주 군민들이 그들의 기세를 누르기 위해 너 많은 인원이 참여하는 인간 띠 잇기 행사를 하는 것이 좋겠다고 판단하여 여주 사회단체 임원들과 협의하였다.

예상한 대로 고공농성 한 달째인 8월 21일 4대강 사업 반대단체 회원들이 버스 5대와 승용차로 200여 명이 이포보 장승공원에 내려왔다.

그러나 여주 군민들은 1,800여 명이 이포대교, 장승공원 등에서 3km의 인간 띠 잇기 행사를 하여 4대강 사업 반대자들의 집회를 압도하였다.

인간 띠 잇기 행사가 SBS TV 저녁 8시 뉴스에 방영되고 중앙 일간지에도 크게 게재되었으나 4대강 사업 반대 집회는 매스컴에 홍보되지 않았다.
공직에서 퇴임하기 전 반미단체들을 상대한 경험이 여주 군민들의 시위 효과를 기대 이상으로 거두는데 도움이 되었다.

이포대교의 인간 띠 잇기 행사를 헬기로 촬영하여 저녁 8시 뉴스 시간에 방영토록 도와준 여주 출신 최금락 전 SBS 보도본부장에게 감사하다는 말씀을 드린다.
또한 30도의 무더위 속에서 4대강 사업 찬성 집회와 "인간 띠 잇

이포대교 위에서 여주 군민들의 인간띠 잇기 행사

기 행사"에 적극 참여한 여주 군민, 특히 나이 드신 분들께 감사의
마음을 전한다.

# 3

# 118년 만에
# 군에서 시로 승격한 여주

여주는 지금의 시市에 해당하는 목牧으로 426년간 지속하다가 1895년 전국적인 지방 행정조직 개편으로 군郡으로 강등되었다.

군으로 강등된 지 118년 만인 2013년 9월 23일 시로 승격되어 경기도 31개 기초자치단체 가운데 28번째로 시가 되어 이제 남은 군은 양평, 가평, 연천뿐이다.[9]

---

9  조선일보, 경기 여주郡 오늘부터 여주市, 2013.9.23.

여주시 승격 추진 과정을 간단히 살펴본다.

여주는 2007년 여주읍과 생활권, 학군과 도시계획구역 등을 함께하던 북내면 오학리, 천송리 등 4개 리가 여주읍으로 편입되며 여주읍의 인구가 5만 1,085명으로 늘어났다.

지방자치법에서 시(市)로 승격할 수 있는 인구의 법적 요건을 갖추게 되었다.[10]

이에 여주군은 2008년 3월 여주시 승격 추진계획을 수립하여 행정안전부에 통보한 후 홍보물 배포, 현수막 설치 등 시 승격 홍보를 시작하였다.

그러나 그해 새로 구성된 제18대 국회에서 여야합의로 지방 행정체제 개편 논의가 진행되면서 시 승격 추진은 보류되었다.[11]

국회는 18개 시, 도를 없애고 시, 군(243개)을 60~70개로 묶어서 중앙과 직접 연결하는 안을 마련하였으나 지방의 반대가 거세자 2011년부터 시, 군의 통, 폐합은 자율에 맡기는 것으로 법령을 개정하였다.

---

10    지방자치법(제7조), 군의 인구가 15만 명 이상이거나 1개 읍의 인구가 5만 이상

11    여주신문, 진퇴양난에 빠진 여주시 승격 추진, 2009.5.29

지방 행정체제 개편 논의가 종료된 후 충청남도 당진 군은 당진 읍 인구가 5만을 넘게 되자 의원입법(2011년 6월 29일 법 제정)을 통하여 2012년 초에 시市로 승격되었다.

　당진 군의 시 승격을 계기로 여주군도 2012년을 "시 승격 원년의 해"로 정하고 시 승격을 추진하였다.
　그러나 2012년 4월 11일 치러진 제19대 국회의원 선거로 시 승격을 위한 주민 설명회, 홍보 등을 할 수 없어 실질적인 추진은 5월 10일 공청회를 하며 시작되었다.

　시 승격 추진 특별위원회 출범(5.29), 주민 설명회(5.30) 등을 거친 후 시 승격 여론조사(6.9)를 하였는데 찬성 60.8%, 반대 32.9%, 무응답 6.3%의 결과가 나왔다.
　여주군은 여론조사 결과를 분석한 후 시 승격의 필요성과 장단점을 알리기에는 한 달간의 기간이 부족하였다고 판단하였다.

　시 승격에 반대 의견을 낸 면面에 거주하는 주민 중 9.5%(96명)가 "시 승격 시 세금이 늘어나기 때문에 반대한다"라고 답을 하였는데, 실제로 면에 거주하는 주민들에게는 시 승격이 되더라도 세금이 늘어나지 않기에 잘못 알고 있는 것이었다.

　이에 주민들을 대상으로 간담회, 설명회, 가두캠페인 등을 집중

여주시 승격 추진을 위한 주민 설명회

적으로 하였다.

이 과정에 시 승격을 반대하는 주민들도 "여주를 사랑하는 사람들(6.6)", "여주군 초, 중, 고 학부모 연대(7.5)" 등의 모임을 결성하고 반대 운동을 조직적으로 전개하였다.

7월 25일 2차 여론조사를 하였는데 그 결과는 찬성 61.1%, 반대 33.1%, 무응답 5.8%로 1차 여론조사 결과와 거의 비슷하였다.

여론조사에서 시 승격 찬성 이유는 지역발전 가속화, 양질의 행정서비스 제공 등이 80%에 달하였는데 공공적, 일반적 이유이었다.

그러나 시 승격 반대 이유는 여주읍 거주 주민에 대한 면허세 등 일부 세금과 의료보험료의 인상, 고교생의 대학 특례입학 제외 등이 85%나 되어 개인적, 구체적인 불이익이 주된 사유이었다.

주민들이 명분名分과 실리實利에 중점을 둔 찬반양론으로 확연히 나뉘어 있었다.

다른 일부 주민들은 시 승격 반대 이유로 시기상조론을 폈다.
이들은 여주시 승격에는 찬성하지만 3~4년 후에 추진하여야 한다고 주장하였다.

여주시 승격을 위한 거리 캠페인(여주군 새마을 부녀회 등)

"윤 모(55) 씨는 3~4년 이후 시 승격을 추진해도 대입 특례나 교육비 지원 축소 등 여건은 지금과 크게 다르지 않겠지만 김 군수와 뜻이 맞지 않는 주민들이 정치적인 논리로 반대 입장을 보이고 있는 것도 사실이다고 했다."[12]

여주군은 2013년 2월에 제18대 대통령의 신정부가 출범하게 되면 여건이 바뀌어 시, 군 통, 폐합을 재추진할 수도 있기에 여기에서 시 승격 추진을 중단할 수 없다고 판단하였다.

또한 2008년에 이어 이번 두 번째 시 승격 추진도 중간에 중단하면 주민들의 실망이 아주 크고 여주군 행정에 대한 주민들의 신뢰도가 크게 하락할 것 등도 고려하였다.

여주시 설치(안)의 여주 군의회 의결(8.8)을 거친 후 여주시 설치 건의서를 경기도에 제출하였다.[13]

야당인 민주당 소속 의원이 과반인 경기도 의회에서 처음에는 반대 분위기이었다. 그래서 여주시 승격 추진은 "법에서 정한 시 승격 요건을 갖추어 추진하는 행정절차"로서 민주당이 여당이라도 추진

---

12  경인일보, 여주군 "도농 복합도시 탐나긴 하는데 ---", 2012.6.18

13  "시 승격"을 지방자치법(7조)에서 "시 설치"라는 용어로 사용하고 있다.

해야 할 사항임을 강조하며 야당 도의원들을 설득해 나갔다.

9월 13일 경기도 의회에서 "여주시 설치(안)"을 찬성 의견으로 의결하고 경기도는 동 건의서를 행정안전부에 제출하였다.

행정안전부의 여주시 설치(안) 업무 담당자들은 여주 시민들의 시 설치 찬성 비율(61.1%)이 상대적으로 낮은 점, 연말에 있을 제18대 대통령 선거(12.19)와 그 이후 정권 교체기인 점 등을 고려해서인지 시 승격을 위한 후속 조치에 소극적이었다.

그래도 주위에서 여주시 승격을 적극적으로 도와주신 분들이 있어 시 승격은 예정대로 추진될 수 있었다.

행정안전부에서 여주시 설치 요건 현지실사(3회), 여주시 설치 법률(안)의 입법 예고(2013.1.16~2.25.), 국무회의 의결(2013.3.26) 등을 거친 후 동 법률(안)은 국회에 송부되어 국회 본회의 의결(5.7)을 거쳤다.

2013년 6월 4일 공포된 "경기도 여주시 도농 복합형태의 시 설치 등에 관한 법률(제 11,850호)" 부칙(제1조)에 따라 9월 23일 여주시가 출범하였다.

여주시 청사 개청식

여주시 승격 기념식 및 경축 음악회

여주시 승격 기념식이 열린 시청 앞 세종로에 모인 시민들

## 참고 여주시 승격 추진 주요 일지

---

| | |
|---|---|
| 2012. 1. 2 | 여주군 시무식에서 "시 승격" 본격 추진계획 발표 |
| 2012. 1.12~2.7 | 새해 주민과의 대화에서 2012년을 "시 승격 원년의 해"로 선포 |
| 2012. 2.21 | 여주 도농복합 시 설치 추진계획 수립 |
| | * 제19대 국회의원 선거(4.11)로 추진 보류 |
| 2012. 5.2 | "여주군의 시 승격에 따른 의의와 과제" 강연 |
| | * 군청 5월 월례 조회 시 |
| | * 강사: 이원희 한경대 교수 |
| 2012. 5.10 | 시 승격 공청회 |
| | * 발제자: 조임곤 경기대 교수, 금창호 한국지방행정연구원 박사 |
| | * 토론자: 강인재 재정공학연구소 소장, 김현호 한국지방행정연구원 박사, 조성호 경기개발연구원 박사, 홍성훈 여주고교 교장, 김덕배 여주신문 편집국장, 김학모 변호사 |
| 2012. 5.11 | 여주시 설치 추진을 위한 위원회 조례 개정 |
| 2012. 5.29 | 여주군 시승격특별추진위원회 출범(위원: 60인) |
| | * 위원장: 백연택 |
| | * 부위원장: 이인순, * 사무국장 : 유호진 |
| 2012. 5.30 | 여주시 설치 주민 설명회 |

| 2012. 6.6 | 시승격 반대단체 "여주를 사랑하는 사람들" 출범(회원: 20명) |
|---|---|
| | * 회장: 김학모, * 사무국장 : 남창현 |
| 2012. 6.9 | 시 승격 여론조사(1차) |
| 2012. 6.21 | 여주포럼 주관 시 승격 토론회 |
| | * 사회: 이규동 여주포럼 회장 |
| | * 토론자: 박용국 전 군수, 백연택 시승격특별추진위원장, 이명환 전 군의회 의장(이상 찬성 측) 장학진 군 의원, 박주원 농업인, 최은옥 학부모(이상 반대 측) |
| 2012.7.4~7.20 | 시승격특별추진위원회의 읍면 순회 주민 설명회(10회) |
| | * 강사: 백연택 시승격특별추진위원장, 이명환 전 군의회 의 장 |

여주시 승격 추진 관련 학부모 대표와의 간담회

여주시 승격을 위한 거리 캠페인(목영회 등)

| | |
|---|---|
| **2012.7.5** | 시 승격 반대단체 "여주군 초, 중, 고 학부모 연대" 출범(회원: 33명) |
| | * 회장: 최은옥 |
| **2012.7.10~7.26** | 시승격특별추진위원회의 거리 캠페인(6회) |
| **2012.7.12, 7.20** | 사회단체 주관 여주시 설치 설명회(2회) |
| | * 강사: 이명환 전 군의회 의장 |
| | * 주관: 여주군의 새마을회, 청년회의소, 자유총연맹, 바르게살기 협의회 |
| **2012.7.13** | 여주읍 초, 중, 고 학부모회와 시 승격 간담회 |
| **2012.7.18** | 시승격특별추진위원장(백연택) 기자회견 |

여주시 승격을 위한 거리 캠페인(여주군 여성단체협의회 등)

| 2012.7.25 | 시 승격 여론조사(2차) |
| 2012.8.8 | 여주 군의회 시 설치 의결 |
| 2012.8.10 | 여주시 설치 건의서 경기도 제출 |
| 2012.9.13 | "여주시 설치에 대한 의견 제시의 건" 경기도 의회 의결 |
| 2012.9.28 | 여주시 설치 건의서 안전행정부 제출 |
| 2012.11.22, 11.28, 12.3 | 안전행정부의 시 승격 요건 현지실사(3회) |
| 2013.1.16 | 여주시 설치 법률 제정안 입법 예고 |
| | * 법률 예고 기간 : 2013.1.16~2.25(40일간) |
| 2013.3.26 | 여주시 설치 법률안 국무회의 의결 |
| 2013.4.1 | 여주시 설치 법률안 국회 송부 |

| 2013.4.29 | 여주시 설치 법률안, 국회 안전행정위원회 의결 |
|---|---|

* 부칙 제1조 (시행일)를 "공포 후 6개월이 경과한 날"에서 "2013년 9월 23일"로 수정

| 2013.5.7 | 여주시 설치 법률안 국회 의결 |
|---|---|

* 제315회 국회(임시회) 본회의 재적의원(226명) 전원 찬성

| 2013.6.4 | "경기도 여주시 도농 복합형태의 시 설치 등에 관한 법률(제11,850호)" 공포 |
|---|---|

| 2013.9.23 | 여주시 출범 |
|---|---|

여주시 승격 기념식 및 경축 음악회를 알리는 플래카드

여주시 승격 경축 음악회의 여주연합 합창단 공연

## 참고 여주시 승격 관련 일화

### 1. 시 승격에 파란 불을 켠 전화 한 통화

필자는 2010년 군수 선거에 입후보할 때나 군수 취임 후 여주시 승격 추진을 생각해본 적이 없었다. 중앙정부의 정책이 기존 시, 군을 통폐합하는 방향이었기 때문이었다.

그러나 2011년 6월 29일 국회에서 당진군을 시로 승격시키는 법안을 의원 입법으로 의결한 후 7월 초순 안전행정부(자치제도과장)로부터 전화가 걸려왔다.

통화 내용은 대략 다음과 같다.

**과장**　여주군을 시로 승격시킬 의향이 있으신지요?

**필자**　여주군이 시가 될 법적 요건을 모두 갖추었기 때문에 기회가 되면 당연히 시 승격을 추진해야지요.

**과장**　당진군이 지난달에 의원입법으로 시 승격이 되었는데 여주는 이런 절차를 거치지 않기를 바랍니다.

**필자**　저는 중앙부처 공무원으로 30년을 지냈습니다. 시 승격은 정부 입법으로 추진하는 것이 정상적인 절차라고 생각합니다.

**과장**   내년에 여주군이 정부 입법으로 시 승격을 추진하면 저희가 돕겠습니다.


이와 같은 통화를 한 후 7월 14일 필자가 여주군 자치행정과장 등 관계 공무원들과 안전행정부를 방문하여 차관, 자치제도기획관, 자치제도과장 등을 면담하고 내년 여주시 승격 추진에 적극적인 협조를 부탁하였다.


## 2. 시 승격 추진에 대한 반대와 난관의 극복

시 승격을 추진하는 과정에 네 차례의 반대나 난관이 있었다.

그 첫 번째는 상당수 여주 군민들의 반대이었다.

2012년 6월 9일 1차 여론조사에서 여주군 주민의 32.9%가, 시가 되면 농어촌 혜택을 못 받게 되는 여주읍 주민의 41.6%가 반대하는 것으로 나타났다.

2007년에 칠곡, 당진, 청원 등 3개 군은 합동으로 시 승격의 인구 요건을 완화(군 인구 15만 명 이상을 12만 명 이상으로 변경)하는 지방자치법 개정을 추진하다가 좌절되었고, 당진군은 2008년 4월 시 승격의 인구요건을 충족시키기 위해 7,462명을 위장 전입시켰다가 적발되는 등 다른 군들은 시 승격을 위해 혼신의 노력을 다하고 있었다.

위와 같은 사례를 감안할 때 시 승격 추진에 여주 군민들의 반대의견이 많은 것은 의외의 결과이었다.

여기에 더하여 여주군의 유지인 전, 현직의 군수, 군 의원, 여당인 한나라당 주요 당직자 등에서 여러 명이 반대 의사를 밝혀 난감하였다.

특히 여론조사 후인 6월 15일 북내면 주암1리 마을 행사에 참석하여 여주시 승격의 당위성과 필요성을 설명하며 주민들의 협조를 요청하고 나오는데 한 주민이 "군수님, 저희에게 시 승격에 찬성하라고 하기 전에 먼저 시가 되면 세금이 늘어난다고 시 승격을 반대하는 군의원부터 설득하시지요?"라고 핀잔을 줄 때는 곤혹스러웠다.

그래도 찬성 분위기 조성을 위해 가두캠페인에 동참한 이범관 전 국회의원과 박용국 전 군수, 주민 설명회, 토론회 등에 강사와 토론자로 나선 이명환 전 군의회 의장, 시 승격 추진 관련 행사와 가두캠페인에 빠짐없이 참석한 시승격특별추진위원회 백연택 위원장과 이인순 부위원장 등의 앞장선 지지가 시 승격 추진에 활력을 불어넣었다.

이 분들께 감사하다는 말씀을 재차 드린다.

두 번째는 경기도의회의 야당인 민주당 소속 일부 도의원들의 반대이었다.

여주군이 2012년 8월 10일 시 설치 건의서를 경기도에 제출하자 여주군의 한 인사가 "이번에 여주군이 시 승격되면 연말 대통령선거에서 민주당 후보에 대한 지지가 줄어들 수 있으니 당론으로 시 승격을 반대해야 한다."라는 취지의 문자 메시지를 경기도의회 민주당 지도부 일부 의원들에게 보내어 반대를 유도하였다.

당시 경기도의회는 민주당 소속 도의원이 과반(55.7%)을 점하고 있어 민주당이 반대하면 시 승격이 좌초할 수 있는 상황이었다.

경기도의회 민주당 내에서 여주시 승격 반대 의견이 나온다는 얘기를 듣고 다급하게 경기 도청으로 올라갔다.

여주 출신인 이대직 도청 언론담당관, 김진호 도의회 농림수산위원장 등과 민주당의 지도부와 상임위원장들을 방문하여 여주시 승격과 대통령선거와는 무관함을 설명하였다.

이 자리에 함께한 이대직 담당관과 김진호 위원장이 필자보다 더욱 열성적으로 고향의 시 승격 당위성을 민주당 의원들에게 역설하던 모습은 아직도 기억에 생생하게 남아있다.

여주시 승격(안)은 9월 13일 경기도 의회에서 75.3%의 찬성 의견으로 의결되었다.

세 번째는 안전행정부의 차관 이하 실무 담당자들이었다.

이들은 여주시 승격을 위한 법 제정의 후속 조치에 소극적이었다. 그 이유는 여주 주민의 시 승격 찬성 비율이 61.1%로 상대적으로 낮은 점과 연말에 대통령 선거에 이어 다음 해 2월에 새 정부가 출범하는 과도기이기 때문에 새로운 법 제정 작업 착수를 꺼리기 때문이라 생각되었다.

2012년 9월 28일 경기도에서 여주시 설치 건의서를 안전행정부에 제출하였으나 40여 일이 지나도 안전행정부에서 후속 절차가 진행되지 않고 있었다.

초조한 마음에 여주 출신 인사인 최금락 청와대 홍보수석 비서관, 여주중학교 동창인 고故 최성규 RFID 협회(한국 지능형 사물인터넷 협회) 부회장과 절친하게 지내는 이달곤 청와대 정무수석 비서관 등을 통하여 안전행정부가 후속 절차를 밟도록 독려해달라고 부탁을 하였다.

이분들과 2년 전 4대강 사업 찬성 집회 때부터 여주에 대해 호의적인 맹형규 안전행정부 장관의 관심과 협조로 시 승격 건의서를 제출한 지 55일이 지난 11월 22일 시 승격 요건 현지실사(1차)가 시작되어 이명박 정부 시기에 "여주시 설치 법률안"의 입법 예고(2013.1.16~2.25)까지 마칠 수가 있었다.

맹형규 안전행정부 장관, 최금락, 이달곤 등 전 청와대 수석비서 관과 고故 최성규 전 RFID 협회 부회장께 한 번 더 감사하다는 말 씀을 전해드린다.

네 번째는 신정부 출범이었다.

이명박 대통령 정부에서 "여주시 설치 법률안"의 입법 예고를 마 쳤으나 동 법률안의 차관회의 및 국무회의 의결, 법률안의 국회 송 부 등을 거쳐 국회에서 상임위원회(안전행정 및 법제사법), 본회의 의결 등을 해야 여주시 승격이 확정되는 것이었다.

박근혜 대통령의 신정부가 들어서서 지방행정 체제 개편을 다시 검토하거나 정권 초기 새 정부 청사진, 대통령 선거 공약의 시행계 획 등을 수립하며 여주시 승격이 우선순위에서 밀려 자칫하면 시 승격이 보류되거나 무산될 수도 있다는 불안감이 커졌다.

2013년 2월 25일 제18대 대통령 박근혜 정부가 출범하며 초대 안전행정부 장관으로 유정복 국회의원이 임명되었다.

그는 필자와 인천 제물포고등학교 동문으로 2011년 1월 16일 농 림수산식품부 장관으로 재직하며 구제역으로 소, 돼지 7만 5천여 마리를 매몰 처분한 여주를 현지 방문하기도 하였다.

유정복 장관 임명 후 9일 만인 3월 20일 유 장관을 면담하였는데 여주시 승격을 도와달라는 필자의 요청에 "저도 마지막 김포 군수이며 초대 김포시장이었습니다. 당연히 군민보다 시민이 더 낫죠. 도와드리겠습니다."라고 답하였다.

고맙다는 인사를 하고 장관실 방문을 나와서 "휴우!" 하고 안도의 한숨을 내쉬었다.

유정복 장관은 그해 9월 23일 중앙정부 대표로 여주시 승격 기념식에도 참석하여 시 승격을 축하해주었는데 그분께 감사한 마음을 한 번 더 전해드린다.

마지막으로 추가하고 싶은 것은 위 네 차례의 어려움을 함께 극복하고 열성을 다한 공무원들과 시민들의 노고에 감사하다는 말씀을 전하는 것이다.

특히 공무원 중에서 1년 반 이상 시 승격 업무를 총괄 지휘한 여주군청 자치행정과 고제경 과장과 직원들(박제윤 팀장, 황현봉, 최선철 팀원), 시가 되면 농어촌 혜택을 받지 못하기 때문에 반대가 심한 여주읍민들을 자전거를 타고 일일이 찾아다니며 시 승격을 홍보한 홍찬국 여주읍장과 채광식 부읍장 등은 시 승격 추진에 중추적인 역할을 담당하였다.

여주군의회에서 시 승격을 전폭적으로 지지하며 안전행정부 등 관계기관을 필자와 함께 다녔던 김규창 의장, 민주당 소속이면서도 주민들에게 이번 기회에 꼭 시 승격이 되어야 한다고 역설한 박용일 부의장과 시 승격 특별추진위원회 위원들(60명)의 활동을 빈틈없이 지원하고 앞장선 유호진 사무국장 등도 오래도록 기억될 것이다.

또한 신문에 기고하여 여주시 승격을 호소하거나 축하한 노성형 육군대학 교수, 정용진 전 미주 한국문인협회장, 방광업 전 부천시 소사구청장 등에게도 감사의 마음을 전하고 싶다.

## 3. 여주시 승격으로 전국 동주도시교류협의회 가입

여주시는 2014년 1월 1일부터 전국 동주도시교류협의회全國 同州都市交流協議會에 가입되었다.
동 협의회는 도시 명칭 끝에 주州 자가 들어가는 14개 도시 시장들이 회원 도시 간 상호교류와 공동발전을 위해 2003년에 설립한 단체이었다.[14]

이 도시들은 역사적으로 고대부터 1895년 갑오경장에 따른 행정

---

14  14개 도시는 경기 3(광주, 양주, 파주), 강원 1(원주), 충북 2(청주, 충주), 충남 1(공주), 전북 1(전주), 전남 1(나주), 경북 3(경주, 상주, 영주), 경남 1(진주), 제주 1(제주) 등
  * 광역자치단체인 광주광역시는 회원이 아니며 광주광역시장은 전국 시도지사협의회에 가입되어 있음

구역 개편으로 군郡으로 강등될 때까지 "큰 고을"로서 경주, 전주, 광주는 종2품인 부윤府尹 또는 유수留守가, 기타 도시는 정3품인 목사牧使가 다스렸다.

　필자는 2011년 초에 동 협의회가 구성되어 있다는 것을 알고 동 협의회에 가입하려 했으나, "시市만 가입 자격이 있다."는 규정 때문에 여주군은 가입이 좌절되었다. 여주가 군郡으로 남아있기에 당하는 일로 자존심이 많이 상했었다.

　2013년 9월 23일 여주가 시로 승격된 직후 동 협의회에 가입을 신청하였고 11월 17일 경기도 광주에서 개최된 2013년 동 협의회 정기회의에서 여주시의 회원 가입 결정 건을 의결하였다.15

　이로써 여주도 역사와 문화의 전통을 자랑하는 전국 대도시들과 상호교류할 수 있는 기반을 마련하였다.

---

15　이 뉴스 투데이, (기고) 전국동주도시同州都市교류협의회에 가입하면서, 2014. 1.2

여주시 가남읍사무소 개청식

여주시 여흥동주민센터 개청식

여주시 중앙동주민센터 개청식

여주시 오학동주민센터 개청식

# 4

# 36년 만에 제 생일을 찾은
# 여주 시민의 날

여주군은 1977년 9월에 군민의 날로 10월 10일을 제정, 공포하였다.

그 제정과정을 살펴보면 10월 9일 한글날을 기준으로 10월 9일과 10월 10일 중 한 날을 군민의 날로 정하자는 방침을 정하고 같은 해 8월 주민 설문조사를 하였다.

응답자(203명) 중 과반수인 55.2%가 한글날을 군민의 날로 하자고 답하였으나 자문위원회, 유신협의회 등을 거치며 설문조사와는 반

여주 군민의 날이 2012년부터 9월 23일로 변경되어 첫 개최된 기념식

대로 10월 10일로 확정하였다.[16]

1977년부터 35년간 10월 10일을 여주 군민의 날로 기념행사를 개최하였으나 2011년 군청 자치행정과(과장: 고제경, 팀장: 박제윤)에서 고증을 통해 의미 있는 날을 찾아 군민의 날로 변경하고자 검토하였다.

조선왕조실록 예종 1년(1469) 8월 18일 자에는 "이조吏曹에서 아뢰기를 '여흥부驪興府는 이미 목牧으로 높였으니, 청컨대 여주驪州로

---

16  현대일보, 군민의 날 生日 찾았다. 2012.9.3

개호改號하소서' 하니 그대로 따랐다."라고 기록되어 있다.

마을 이름이 여흥에서 여주로 바뀐 날이 1469년 8월 18일인데 이날이 양력으로는 9월 23일이었다.

이에 여주군에서는 2011년 11월에 설문조사를 하고 2012년 상반기 임시 군의회에서 군민의 날을 9월 23일로 변경하였다.

2013년 4월 29일 여주시 설치 법률안을 국회 안전행정위원회에서 심의할 때 유승우 의원(경기도 이천)의 제안으로 법안에 있는 부칙 1조의 시행일을 "법률 공포 후 6개월 후"인 것을 "9월 23일"로 수정, 의결하였다.

이로써 9월 23일은 시 승격 기념일이며 동시에 시민의 날이 되었다.

# 5

## 100년 만에 돌아온
## 고달사지 원종대사혜진탑 비

―――――――― 5/5/0/년 여/주/이/야/기 ――――――――

    여주시 북내면 상교리 고달사지(사적 제382호)에는 국보인 고달사지 승탑(제4호), 보물인 고달사지 원종대사혜진탑 비(제6호), 고달사지 원종대사 탑(제7호), 고달사지 석조 대좌(제8호) 등의 국가 지정 문화재가 있다.[17]

    이 중에서 고달사지 원종대사 탑 비는 1915년 무너졌으며 여덟 조각으로 나뉜 비신碑身(높이 279cm, 너비 102cm, 폭 31cm)은 다음 해 서

―――――――――――

17    김춘석, 550년 여주 이야기, 고감도디자인 2017, 88쪽

울로 가져가 경복궁 근정전 회랑에 전시되어 있다가 경복궁 복원사업을 하며 국립박물관 지하 수장고로 옮겨 보관되었다.

그리고 고달사지 절터에 남아있던 귀부龜趺(거북 모양의 비석 받침돌)와 이수螭首(뿔 없는 용을 새긴 비석의 머리)는 고려 초기 불교 미술의 웅장함과 화려함을 대표하여 보물 제6호로 지정되었다.

원종대사혜진탑 비는 고려 광종 때 국사로 임명되어 불교를 크게 진흥시킨 인물인 찬유璨幽(869~958)의 비로 비에는 그의 가문, 출생, 행적, 입적 등에 관한 내용이 실려있다.

원종대사가 958년 혜목산 고달원高達院에서 입적하자 광종은 국공國工을 파견하여 석조 부도와 탑비를 건립하게 하고 그의 시호諡號를 "원종元宗"이라 하고 탑 이름을 "혜진慧眞"이라 내리었다.

2010년 여주군은 국립 중앙박물관 수장고에 보관 중인 원종대사혜진탑 비신을 고달사지에 복원(제1안)하거나 비신을 복제하여 원위치에 복원하고 원 비신은 여주박물관으로 이전, 전시(제2안)하는 안 등을 문화재청에 제시하였다.

문화재청은 2010년 11월 25일 문화재위원회를 개최하여 비신과 귀부, 이수의 안전과 관리적인 측면을 고려하여 여주군이 제시한

여주 고달사지 원종대사혜진탑 비 복원 전 모습

제2안으로 의결하였다.[18]

2014년 8월 고달사지에 있던 원종대사혜진탑 비 귀부와 이수 사이에 복제한 비신을 세워 원종대사혜진탑 비를 원래 모습대로 복원하였다.

복제한 비신은 원 비석과 석질이 가장 유사한 북한 해주산 화강암을 수입하여 3,230자의 글자를 한 글자씩 정과 망치로 새겨 완성하였다.

---

18    경기도민일보, 원종대사혜진탑 비 비신 여주로, 2010.12.2

여주 고달사지 원종대사혜진탑 비 복원 후 모습

원 비신은 여주를 떠난 지 100년만인 2016년 7월 여주박물관(신관, 여마관) 1층 로비 전시홀로 돌아왔고 다섯 달 후 보물로 추가 지정되었다.[19]

19    경기일보, (천자 춘추) 100년 만의 귀환 2021.3.3

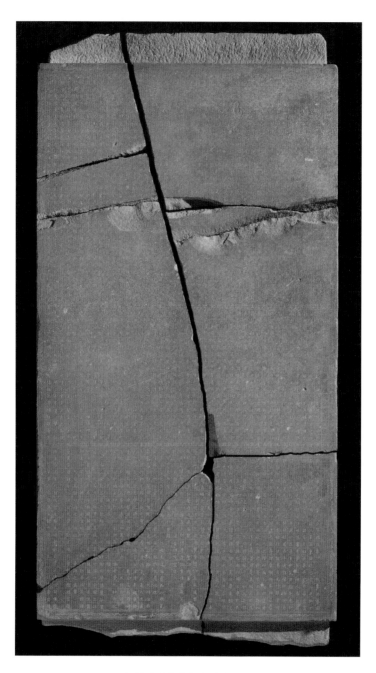

원종대사혜진탑 비 비신 모습

## 참고 원종대사혜진탑 비 비신의 귀환 일화

필자가 원종대사혜진탑 비 비신을 처음 본 것은 서울 광화문 근처에 있던 경제기획원에 근무할 때인 1985년이었다.

당시 공무원들은 신분증을 제시하면 점심시간에 경복궁에 무료로 관람할 수 있었기에 어느 날 점심을 간단히 들고 경복궁으로 산책을 하러 갔었다.

경복궁 근정전 회랑을 거니는데 남서쪽 모서리에 깨어진 상태로 눕혀져 있는 원종대사혜진탑 비 비신이 눈에 들어왔다.

앞에 세워져 있는 안내판을 보니 여주 고달사지에 있던 것을 이곳으로 옮겨 놓았다고 적혀 있었다.

"아니 여주의 거대한 비석이 왜 이곳에 와 있지?"라고 의아해하면서도 고향에서 온 비석을 보니 반가웠다. 그러나 파손되어 연고도 없는 경복궁 회랑 구석에 홀로 있는 모습을 보니 안쓰럽고 언젠가는 고향으로 돌아가야 된다고 생각하였다.

2010년 7월 1일 필자가 군수로 취임한 뒤 원종대사혜진탑 비 비신의 행방을 여주박물관 구본만 관장을 통하여 확인해 보니 경복궁

원종대사혜진탑 비 비신의 귀환 일화 **067**

복원공사(1991~2010) 때문에 국립 중앙박물관 지하 수장고로 옮겨져 있었다.

7월 27일 국립 중앙박물관을 방문하여 박방룡 학예연구실 유물관리부장, 장상훈 유물활용팀장 등에게 "원종대사혜진탑 비 비신은 비의 일부이고 깨어져 있어 이곳에서 지상 전시가 어려울 것이니 원래 있던 절터에 복원하거나 여주박물관으로 이전하여 햇빛을 볼 수 있게 도와주십시오."라고 간청하였다. 이에 박 부장은 "제가 박물관에 30년 이상 근무하였으나 시장, 군수께서 찾아오셔서 문화재와 관련하여 만난 것은 처음입니다. 좋은 안을 제시해주셨는데 검토해보겠습니다."라고 긍정적인 답을 하였다.

그해 11월 25일 개최된 문화재위원회에서 비신을 복제하여 원위치에 복원하고 원 비신은 여주박물관에 관리를 이관하여 실내에 전시하도록 결정하였다. 그러나 연말에 여주박물관에 출장 온 국립 중앙박물관 실사팀은 여주박물관(구관, 황마관)이 너무 협소하여 원종대사혜진탑 비 비신을 안전하게 관리하기 힘들다고 난색을 보였다.

여기에서 그친다면 원종대사혜진탑 비 비신이 앞으로 여주로 돌아오기 힘들다고 판단한 필자는 "여주박물관을 크게 새로 짓겠습니다. 박물관을 신축한 후 원 비신을 저희에게 이관시켜 주십시오."라고 부탁하였다.

여주박물관 내 원종대사혜진탑 비 비신 전시 모습

 

2016년 7월 14일 여주박물관 신관(여마관)을 준공, 개관하며 원종
대사혜진탑 비의 원 비신이 1층 로비 전시홀로 돌아왔는데 비신이
여주를 떠난 지 100년 만이었다.

경복궁 근정전 회랑에서 원종대사혜진탑 비신을 처음 만난 지 31
년 만에 여주에서 다시 만나니 감회가 새롭고 가슴이 뿌듯하였다.

여주박물관(신관, 여마관)

# 6

## 이인좌의 난에 가담한 역적이 많았으나
## 읍호가 강등되지 않았던 여주

조선 시대에는 지방 통제 수단의 하나로 읍호邑號(고을의 이름)를 올리거나 내림으로써 왕실에 대한 충성과 협조를 강요하였다.

왕비의 출신지나 왕의 능침, 태실 등을 봉안하는 곳의 읍호는 승격되었다.

전라남도 화순군 능주면은 1632년(인조 10년) 인조의 모친 인헌왕후 구 씨의 고향이라 하여 능성 현에서 능주 목으로 승격되었고 충청도 보은 현은 1806년(순조 6년) 순조의 태실이 있어 보은군으로 승격되었다.

　반면에 고을에서 삼강三綱(군신, 부자, 부부 사이에 지켜야 할 세 가지 도리)
과 오상五常(인, 의, 예, 지, 신의 다섯 가지 덕목)의 도덕을 심하게 위반한
강상죄인綱常罪人이나 대역죄인이 발생한 고을은 읍호가 강등되거나
폐지되기도 하였다.[20]

　1457년(세조 3년) 금성대군과 순흥부사 이보흠의 단종복위 역모
사건으로 경상도 순흥 도호부가 폐지되고 그 영역은 인근의 군현으
로 분산시킨 것이 대표적인 예이다.

　무신년戊申年인 1728년(영조 4년)에 이인좌, 박필현, 심유현 등 소론
강경파와 남인 정희량 등이 난을 일으켰다.

　이들은 경종(1720~1724)의 죽음에 영조와 노론이 관련되어 있다
며 영조를 제거하고 소현세자의 증손자 밀풍군 이탄을 왕으로 추대
하고자 하였다.
　이 난亂은 무신년에 일어나 무신난戊申亂 또는 반란 주동자의 이름
을 따서 "이인좌李麟佐의 난"이라고도 한다.

---

20　경북매일, 읍호邑號를 강등하라 2019.11.5

이들은 이인좌를 대장으로 추대한 후 1728년 3월 15일 청주성을 함락하고 서울로 북상하다가 3월 24일 안성과 죽산에서 관군에 격파되었다.

영남에서는 정희량이 거병하여 거창, 합천, 함양 등을 점령하였으나 관군에 토벌당하였고 호남에서는 거병 전에 박필현 등 주동자들이 체포되어 처형당하였다.

여주에서는 조상, 조덕규, 조관규, 조동규, 임서호, 신윤조 등이 이 난에 가담하였다.

특히 조상은 주도적인 역할을 하여 친척 조덕규, 조관규 등을 비롯하여 친구 신윤조 등과 함께 주민을 선동하여 군사를 모아 한양 70~80리까지 갔으나 모두 잡혀 처형되었다.

무신난에 가담한 정세윤, 정계윤, 홍양걸, 유한신 등의 고장인 이천도호부는 1729년 이천 현으로 강등되었다가 후에 복위되었으며 그 외 청주, 예천, 풍기, 용인, 남원, 장흥, 담양 등 여러 고장도 강등되었다가 후에 복위되었다.

그러나 당시 여주의 명칭이 강등되지 않았던 것은 여주에 세종과 효종의 능침이 있어 특별한 우대를 받았기 때문이었다.

그래도 여주지역에 근거하였던 소론, 남인 계는 완전히 몰락하고

그 자리를 서인 노론에게 내주었다.[21]

1613년(광해군 5년)에도 역모죄로 처형된 강변칠우江邊七友(여주 남한 강 변에서 공동 생활하였던 서자 7인)가 허위자백하여 일어난 계축옥사癸丑 獄事(영창대군의 유배와 살해, 인목대비의 폐서인 등) 때에도 여주 명칭을 강 등시켜야 한다고 의금부에서 아뢰었으나 영릉이 있는 고장이라 강 등을 면한 바 있었다.[22]

---

21    여주군사편찬위원회, 여주군사 제1권, 2005, 334~336쪽

22    조선왕조실록, 광해군일기(정초본), 광해 5년 5월 12일

# 7

# 감세 혜택 폐지와 세금 과징에
# 일어난 여주 농민항쟁

　여주시 금사면 출신인 홍순목洪淳穆(1816~1884)은 1876년(고종 13년)에 판중추부사判中樞府事로 있으며 여주에 세종과 효종 능이 있지만 조세가 번잡하고 무거운 점을 고종에 아뢰어 전세田稅와 대동세大同稅 등의 세금을 돈으로 납부할 수 있게 해주었다.

　당시 세금을 곡식 대신 돈으로 납부하게 하는 것은 세금 납부 시기인 겨울까지의 곡식 가격 상승, 한양으로 곡식 운반비의 절감 등을 감안하면 세금을 크게 감액시켜 주는 것이었다.23

---

23　김춘석, 550년 여주 이야기, 고감도디자인, 2017. 161쪽

그러나 1884년(고종 21년) 8월에 국가 재정이 어려워지자 돈으로 대신 받던 여주, 죽산, 포천 등 경기도 6개 고을에 예전과 같이 곡식으로 세금을 납부토록 하였다.

이에 여주 농민들은 조세 감액 혜택이 사라지자 1885년(고종 22년) 초부터 세금 납부를 거부하는 한편, 여주 목 아전이었던 윤보길이 세금을 상당액 착복하고 이를 메우기 위해 오랫동안 정액 이상으로 세금을 더 걷은 것에 항의하기 위해 농상계農桑契를 중심으로 농민들의 봉기를 선동하는 통문通文을 돌렸다.

마침내 1885년 2월 18일 여주 농민들은 무리를 지어 몽둥이를 들고 읍내 관청에 몰려가 전前 아전 윤보길을 찾았으나 찾지 못하자 그의 두 동생을 붙잡아 불에 태워 죽였다.
이어서 읍내의 부호와 향리들의 집 14채를 헐어서 파괴하였고 관아의 감옥 문을 부수어 죄수들을 풀어 주었다.[24]

조정에서는 윤성진 양주목사를 안핵사按覈使(조선 후기 사건 처리를 위해 지방에 파견한 관리)로 파견하여 원인 규명에 들어가 윤보길을 양주 감옥으로 압송하고 항쟁의 주모자 중 여주 감옥을 부순 이병두, 신필근 등을 체포하여 수감하였다.

---

24  여주군사편찬위원회, 여주군사 제1권, 2005년. 426~428쪽

안핵사의 조사 후 사건의 발단을 제공한 윤보길은 사형이 구형되었으나 여주지역 유력 향리 집안의 끈질긴 구명 작업으로 귀양보내는 것으로 감형되고 감옥을 부순 이병두, 신필근 등도 귀양보내는 것으로 사건이 일단락 되었다.

이 여주 농민항쟁은 항쟁의 대표로 전 현감 조병직曹秉直을 추대하고 여주지역의 양반들도 다수 앞장을 섰던 항쟁이라는 점에서 당시 일어났던 타 지역의 농민항쟁과 다른 모습을 보여주었다.

또한 이 농민항쟁으로 여주 백성들이 세금을 돈으로 계속 납부하게 되었으며 이후 갑오개혁으로 조세제도가 바뀔 때까지 그 혜택을 받았다.[25]

---

25   여주문화원, 세종 인문도시 명품 여주 바로 알기, 2016. 81쪽

# 8

## 여주 시내를 배를 타고 다녔던 1972년 대홍수

1972년 8월 18일부터 3일간 여주에 700mm의 비가 내려 남한강이 범람하고 8월 19일 새벽 4시경 여주시 하동 소양천 제방이 붕괴하면서 하동, 창동, 홍문동 등 시가지 65%가 침수되는 대홍수가 발생하였다.

이 홍수로 현 농협 여주시지부 앞까지 배를 타고 다녀야 하였으며 재래식 화장실의 침수로 오물이 물 위에 둥둥 떠다니고 시내의 통신과 교통도 두절되었다.

특히 남한강의 범람으로 고립되었던 흥천면 양촌리 주민들은 새

1972년 대홍수로 물에 잠긴 여주 시내(오른쪽 위 흰 첨탑건물이 옛 중앙감리교회)

1972년 대홍수로 물에 잠긴 여주역(옛 수여선)

벽 3시 군 헬기로 구조하여 대신 초등학교로 대피시켰으며 이때 바뀐 물길 때문에 1987년 양촌리는 대신면에 속한 마을로 행정구역이 변경되었다.

여주시 관내에서 이 대홍수로 인명 피해 2명, 이재민 1만 481명이 발생하였고 가옥 유실 및 50% 이상 파손 1,130동, 농경지 유실(754.9ha) 및 매몰, 침수 등 총 피해액은 13억 5,000만 원으로 집계되었다.[26]

---

26  여주 군사편찬위원회, 여주 군사 제6권, 2005, 33쪽

또한 이 홍수로 신륵사 강월헌 정자가 떠내려가서 1974년 철근과 콘크리트로 새로 지었다.

　여주시 시내의 유실되거나 붕괴된 집들도 이후 정부 융자금을 지원받아 2층 철근 콘크리트 건물로 재건축함으로써 시가지 면모를 일신하는데 기여하기도 하였다.

　여주시는 남한강이 시내 한가운데를 관통하여 흐르고 섬강, 청미천, 복하천 등 국가하천이 남한강으로 유입되는 지역이라서 비가 많이 내리면 항상 큰 홍수피해가 발생하였다.

　이후 1995년 8월에는 722mm, 2006년 8월에는 844mm 등의 강

1972년 대홍수로 물에 잠긴 여주농협과 인근 상가 건물

1972년 대홍수로 물에 잠긴 시내 도로(현 여주농협 좌측 세종로)

우를 기록하여 여름철 8월에 비가 집중되는 현상이 갈수록 심화되었다.[27]

그러나 충주댐 완공(1985), 4대강 사업의 남한강 준설, 정비 완료 (2013) 등으로 이 이후에는 큰 홍수피해가 거의 발생하지 않고 있다.

27    경기도, G Life, 2010년 9월호, 18쪽

1970년 건립 중인 신륵사 강월헌
(삼층석탑 동쪽에 세우고 있으나 1974년 새로 건립한 정자는 석탑 서쪽에 위치)

1972년 대홍수로 신륵사의 강월헌이 사라진 모습

# 9

# 여주 시내 가옥 1,000여 호를 불태운 1856년 대화재

조선 후반기 안동김씨 세도정치가 정점에 이르렀던 1856년(철종 7년) 4월 12일 여주 시내에 대화재가 발생하였다.

당시 여주 시내에 발생한 화재는 경기도 관찰사가 올린 장계에 잘 나타나 있는데 주민의 실수로 발생한 대화재는 순식간에 1,000여 호를 불태웠으며 수많은 인명 피해가 발생한 것으로 보고되었다.

1789년(정조 13년) 당시 여주지역의 전체 가구가 6,654호이었음에 비추어 볼 때 전체 가구의 6분의 1가량이 불에 탔으며 5,000~6,000

명에 달하는 주민이 화재로 인하여 물적, 인적 피해를 입었을 것으로 추측된다.[28]

이와 같은 대규모의 이재민이 발생하자 철종이 복구를 위해 왕실 내탕금內帑金을 하사하였고 여주 출신 판돈령부사判敦寧府事 김병기金炳冀(1818~1875)는 개인 재산으로 양곡 1,000석을 제공하여 이재민을 구제하였다.

이에 김병기의 공적을 기리고자 1860년(철종 11년)에 구휼비救恤碑(빈민, 이재민 등에게 도움을 준 공적을 기리는 비석)를 여주시 창동(비각거리)에 세웠으나 1991년에 도로를 확장하며 옮겨 영월루 근린공원 안에 세워진 역대 수령의 선정비들과 함께 나란히 자리하게 하였다.[29] 이 비석에 새겨진 비문의 한 부분을 인용한다.

철종 7년 4월 12일에 화재가 발생하여 고을을 태우는데 광풍마저 크게 일어 주치州治(읍내) 수천 백 호를 일시에 불태워버렸다.
이내 남녀 노유가 사방으로 흩어져 갔는데 판돈령判敦寧 김영근金泳根과 그의 아들 판돈령 병기炳冀가 서울에서 이 소식을 듣고 급히 사람을 내려보내서 현장을 살펴보게 하고는 그간 저축하여 두

---

28 여주문화원, 세종 인문도시 명품 여주 바로 알기, 2016. 80쪽

29 여주군사편찬위원회, 여주군사 제3권, 2005. 428~429쪽

여주시 창동에 있던 김병기구휼비 비각

었던 수백 석의 식량과 돈을 몽땅 풀어 다 죽어가던 사람들을 불러모아 편안히 살게 하고는 유리하지 못하도록 하였다. (중략)
돌을 다듬어 여강驪江 위에 비를 세우니 천백 년 토록 잊어서는 아니 될 사실이 여기에 있는 바이다.[30]

---

30    여주군사편찬위원회, 여주군사 제6권, 2005. 634쪽

# 10

## 수학여행 온 49명이 익사한
## 조포나루의 나룻배 침몰 사고

조포나루는 조선 시대 한강 4대 나루 중 하나로 여주대교가 완공되기 전 여주시 연양동에서 천송동 신륵사를 건너다니던 나루이었다. 1963년 10월 23일 오후 2시 50분경 신륵사에 수학여행 왔다가 돌아가던 안양시 흥안 국민학교(현 안양 남 초등학교) 5, 6학년 학생들이 탄 나룻배가 침몰하였다.

이 사고로 배에 타고 있던 학생 37명, 교장을 포함한 학부모 12명 등 총 49명이 익사하였는데 침몰 지점은 수심이 2m이고 물이 차가워 대부분 심장마비로 사망하였다.

여주 나룻배 침몰 사고 현장

여주 나룻배 침몰 사고 동아일보 기사
(1963.10.24.)

　사고 원인은 정원 초과(정원 70명, 승선 인원 137명)와 나룻배를 밀어주던 모터보트가 선착장 5m 전방에 도달하면서 떨어지자 그 충격으로 학생들이 앞쪽으로 몰리며 배가 과중한 중량을 감당하지 못하고 침수되었기 때문이라고 언론이 보도하였다.

　또한 언론은 이 학교 5, 6학년 학생 총 190명이 참가대상이었으

흥안 국민학교 조난자 합동위령제

나 이 중 63명은 수학 여행비(교통비) 120원을 내지 못하여 가을 소
풍에 참가하지 못해 화를 면할 수 있었다고 전하였다.[31]

   사고 참사 현장에는 찢어진 일기장 하나가 뒹굴고 있었다.


   내일 소풍을 간다.

   친구들과 함께 버스를 타고 신륵사에 가면 참 재미있을 거야.

   부처님도 있다고 하는데 무슨 소원을 빌까?

   중학교 합격? 그렇지 않으면 무사히 돌아오게 해 달라고……

   엄마에게 무슨 선물을 사다 주어야 할지 모르겠다. 잠이 안 온다.

---

31   여주군사편찬위원회, 여주군사 제6권, 2005, 29~30쪽

여주 나룻배 침몰 사고 현장

일기장은 중학교 입학을 앞둔 6학년 여학생의 것이었는데 소풍 전날의 설렘이 고스란히 담겨 있었다.[32]

여주 최대 재난 사고인 이 침몰 사고가 일어난 다음 해인 1964년 구 여주대교(현 연인교)가 준공되면서 조포나루는 폐쇄되었다.

옛 조포나루 터(현 신륵사 경내 강변 길가)에는 1994년 여주시 천송 2동 주민 등이 세운 "조포나루 터" 표석이 있다. 또한 그 옆에는 2006년에 안양 남 초등학교 총동문회에서 침몰 사고로 희생된 고 인들의 명복을 빌기 위하여 세운 위령비가 자리하고 있다.

---

32  장정현, 《경향으로 보는 '그때'》 1963년 10월 23일 조포나루 터 참사, 경향신문 2015.4.23

# 11

## 승객 30명 중 26명이 사망한
## 섬강교 버스 추락 사고

1990년 9월 1일 오후 2시 45분경 여주군 강천면 강천리 영동고속도로 상행선 서울 기점 62km 지점 섬강교 위에서 승객 29명을 태우고 강릉을 출발하여 서울 동서울 터미널로 향하던 강원여객 소속 직행버스가 섬강으로 추락하여 운전자를 포함하여 26명이 사망하고 4명이 구조된 사고가 발생하였다.

당시 이 사고는 1985년 충북 영동군에서 발생한 양강교 버스 추락 사고(38명 사망, 1명 생존), 1981년 부산에서 발생한 금정산 버스 추락 사고(33명 사망, 37명 생존) 등에 이어 3번째로 큰 대형 교통사고

였다.[33]

사고 원인은 사고 당일 폭우로 도로가 미끄러웠는데 버스 운전사가 2차선 좁은 고속도로에서 앞에 서행하던 승용차를 무리하게 추월하기 위하여 속력을 내는 순간 버스가 빗길에 미끄러졌기 때문으로 반대편 차선을 넘어 다리 난간을 들이받고 19m 아래로 추락하였다.

섬강교 버스 추락 사고 기사
(자료: 여주시사)

사고 직후 버스 뒷좌석에 타고 있던 10~20대 승객 4명은 깨진 유리창을 통해 버스를 탈출, 헤엄쳐 나와 구조되었으나 나머지 승객 26명은 폭우로 불어난 물에 버스와 함께 그대로 휘말려 떠내려갔다.

섬강교 위 사고지점이 여주군 관내였기에 여주군청에 사고수습대책본부를 설치하고 버스에 탔을 것으로 추정되는 유가족의 신고를 접수하고 구명보트, 헬기, 잠수부 등과 민방위대, 공무원 등을

---

33    blog/김훈 위험관리연구소(RiskLab), 10. 섬강교 버스 추락

옛 영동고속도로 섬강교(오른쪽 위로 4차선 현 영동고속도로가 보인다)

동원하여 시체 수색 작업을 벌렸다.

사고 버스는 약 300m를 떠내려가 바위에 걸렸었는데 다음날 인양된 버스 안에서는 운전자 등 사체 3구만 인양하였고 9월 4일까지 20구의 사체를 추가로 인양하였다.

사고 9일 만에 최우민(1세)과 그 어머니 김영자(26세)의 시신이 사고지점으로부터 40km 떨어진 양평읍 양근리 팔당호에서 함께 발견되었는데 떠내려가면서도 아들을 끝까지 끌어안고 있다가 사망 후 부패하면서 분리된 것으로 추정되어 주위 사람들을 더욱 안타깝

게하였다.

사고 발생 13일 만인 9월 14일 경기도 강화군 서도면 한강하구에서 장호(5세)의 시신이 마지막으로 발견되어 실종자 23명 전원이 인양되었다.[34]

실종자 중 마지막으로 발견된 장호 군의 시신이 여주읍 고려대학교 부속병원 영안실에 안치된 다음 날인 9월 15일 오후 5시 40분경 병원 뒷길 전신주에서 장호 군의 아버지인 장재인(31세, 서울 덕수상업고등학교 영어 교사)이 목을 매 숨진 채 발견되었다.

당시 남편과 만나기 위해 서울로 향하던 최영애(30세, 홍천 내면고등학교 프랑스어 교사), 장호 모자가 버스 추락 사고로 참변을 당하였다.

숨진 장재인의 바지 주머니에서는 "사랑하는 아내와 아들을 잃고 슬픔을 못 이겨 하느니 차라리 그들이 있는 저 하늘에 가는 것이 좋겠다."는 내용의 유서가 발견되었다.

이들은 공주사범대학 선후배 사이로 대학 시절부터 사귀다가 뒤늦게 1989년 8월 6일 서울에서 결혼식을 올렸는데 "캠퍼스의 잉꼬부부"로 주변 사람들의 부러움을 샀다고 한다.

---

34  여주군사편찬위원회, 여주군사 제6권, 2005. 34쪽

영화 "섬강에서 하늘까지" 포스터

이 사건을 소재로 시인 겸 소설가 조해인은 1991년 5월 장편 실화소설 "섬강에서 하늘까지"를 출간하였으며, 이 소설은 다음 해 2월에 같은 제목의 영화로도 제작되었다.

이 영화의 감독은 유진선이 맡았으며 배우 이경영과 김미현이 주연을 맡았다.[35]

---

# 제2장

# 여주 관련 인물

5/5/0/년 여/주/이/야/기

# 1

## 남북한 첫 축구대회를 열고
## 여주대학교를 설립한 정동성

남북한 교류의 물꼬를 트고 여주대학교를 설립한 정동성鄭東星
(1939~1999)은 여주시 점봉동에서 태어났다.

그는 경희대학교 체육학과 재학 당시 4.19 전국대학생총연합회
의장으로 활동하였다.

이후 정계에 입문하여 국회의원 선거 10대부터 13대까지 당선된
4선 의원으로 국회 교통체신, 상공, 내무 등 3개 상임위원회 위원장
과 민주정의당 원내총무 등을 역임하였다.[36]

---

36  여주군사편찬위원회, 여주군사 제2권, 2005. 519쪽

정동성

특히 체육부 장관으로 재직하던 그는 1990년 북경 아시안게임 기간에 현지에서 북한 김유순 체육위원장과 회담을 하고 남북통일 축구대회를 개최키로 합의하였다.

그해 10월 정동성 장관은 남북통일 축구대회 총 인솔단장으로 평양을 방문하여 5.1경기장에서 15만 명의 관중이 운집한 가운데 첫 경기를 치렀다.

이는 남북 분단 이후 45년 만에 남북한 간 첫 스포츠 교류로 남북 교류 본격화에 시동을 건 의미있는 대회이었다.[37]

37   여암 정동성 박사 추모문집간행위원회, 짧은 삶 크게 살았던 여암 정동성, 2002. ㈜ K&C 기획, 186~191쪽

다음 해 4월 일본 지바시에서 열린 제41회 세계탁구선수권대회와 6월 포르투갈에서 열린 제6회 세계 청소년축구대회에 첫 남북 단일팀을 구성, 출전하는 것으로 이어졌다.

　정동성은 정계를 떠난 후 교육과 후학양성을 위해 재단법인 세종문화재단을 설립하여 장학사업을 하였고 1993년에는 여주대학교의 전신인 여주공업전문대학을 설립하였다.

　그는 대학을 미국의 명문 사립대학교인 MIT(Massachusetts Institute of Technology)(매사추세츠 공과대학)를 본받아 "한국의 MIT"로 만

정동성 체육부장관 취임 군민 환영대회

여주대학교 전경

들겠다는 의지로 여주대학교 영문 명칭을 "YIT(Yeoju Institute of Technology)"로 사용토록 하였다.

여주대학교는 개교 당시 7개 학과에 640명의 신입생을 모집하였으나 2022학년도에는 27개 학과에 1,591명을 모집하였고 재학생이 6,716명인 대학으로 성장하였다.[38]

대학교 인근에 대학촌이 형성, 확장되었고 교수들의 여주 시정 자문, 학생들의 봉사활동과 행사 참여 등으로 여주 지역사회 발전에도 크게 기여하고 있다.

---

38    여주대학교 홈페이지(http://www.yit.ac.kr),

# 2

# 대하 역사소설이라는
# 새로운 문학 분야를 개척한 유주현

1960년대 역사소설로 최고의 인기를 누렸던 유주현柳周鉉 (1921~1982)은 여주시 능서면(현 세종대왕면) 번도2리에서 태어났다.

그는 1948년 잡지 "백민"에 단편소설 "번요의 거리"를 발표하면서 등단한 이래 약 30년간 장편소설 26편, 중, 단편소설 100여 편 등 총 126여 편의 작품을 남겼다.[39]

---

[39]  중앙 선데이, 정규웅의 문단 뒤안길 -1970년대 〈52〉, 2010.2.6. 10쪽

유주현 초상화

1964년부터 유주현은 역사를 사실주의적으로 분석한 "조선총독부"(1964), "대원군"(1965), "대한제국"(1969), "황녀"(1972) 등 대하 역사소설을 써서 큰 인기를 끌었다.

그의 역사소설은 종래 흥미 위주의 역사물에서 벗어나 인간과 역사에 대한 깊이 있는 통찰을 보여준 작품으로 주목을 받았다.

특히 그의 대표적인 작품으로 높이 평가되고 있는 "조선총독부"는 월간 "신동아"의 1964년 9월호부터 1967년 6월호까지 34회 연재되었다. "조선총독부"는 일제 강점기 한국인들의 힘든 삶, 독립투사의 치열한 투쟁, 친일파 인사들의 행태, 조선 총독의 횡포 등을 그렸다. 독립투사이며 연인 사이인 주인공 박충권, 윤정덕만 가공

조선총독부(전 5권)

인물이고 나머지 1,700여 명의 등장인물은 실존 인물이다.

　집필 도중 1965년 한일협정이 조인되면서 더욱 큰 관심을 끌어 "신동아"가 매월 나오면 일본 외무성이 소설을 일본어로 번역하여 유력 인사들에게 배포할 정도로 세간의 이목을 집중시켰다.

　1967년에 신태양사가 5권 한 세트로 출간하자 5만 질이나 팔려 독서인구가 적었던 당시 베스트셀러의 신화를 이루었다.[40]

---

40　동아일보, 등장인물 총 1,700명의 대하 역사소설---류주현 "조선총독부" 21년 만에 재출간. 2014. 7.24

류주현 문학비

　여주박물관(황마관) 1층에는 한국 현대문학에 한 획을 그은 유주현의 삶과 작품세계를 돌아볼 수 있는 "류주현 문학 전시실"이 꾸며져 있으며 박물관 야외 전시장에는 "류주현 문학비"가 건립되어 있다.

　그의 묘소는 여주시 가남읍 태평리 선영에 있으며 그가 태어난 마을 입구 생가터에는 묵사 류주현선생기념사업회와 여강문학동인회가 세운 "류주현 생가 유허비"가 있다.

# 3

# 퍼펙트 골드란 용어를 탄생시킨
# 올림픽 명궁 김경욱

1996년 미국 애틀란타(조지아주) 올림픽에서 양궁 여자 개인전과 단체전에서 금메달을 목에 건 김경욱金京郁(1970~현재) 선수는 여주시 신진동 출신이다.

그녀는 여주시 여흥초등학교 4학년 때 양궁에 입문하여 1987년 여주 여자종합고등학교(현 세종고등학교) 2학년 때 양궁 국가대표 선수로 발탁되었다.

그러나 1988년 서울 올림픽 국가대표 선발전에서 10점 만점을 기록한 화살 3발을 심판관 확인 전에 뽑아 3발 모두 0점 처리되는 실수를 범하여 올림픽에 출전하지 못하였다.

이후 무리한 연습에 따른 어깨 부상, 1992년 바르셀로나(스페인) 올림픽 대표선수 선발전 초반 탈락 등 어려움을 겪었다.

이 시련을 극복하고 국가대표 발탁 9년 만인 1996년 26세의 나이로 올림픽에 출전하였다.

특히 그녀는 8월 1일 개최된 개인전 결승에서 과녁 정중앙에 설치된 초소형 카메라를 두 번이나 명중시켜 깨트리며 퍼펙트 골드(Perfect Gold)란 용어를 탄생시켰다.[41]

원래 양궁 용어에는 퍼펙트 골드란 말이 없었다.

그러다 애틀란타 올림픽부터 생생한 중계를 위해 과녁 한가운데 지름 1cm의 구멍을 뚫고 첨단 카메라 렌즈를 장치했는데 김경욱 선수의 화살이 이곳을 관통하였다.

이에 장내 아나운서는 즉석에서 "퍼펙트 골드"란 말을 구사하였고 "퍼펙트 골드 때문에 흠집 난 렌즈를 갈아 끼워야 하므로 경기를 잠시 중단한다."라고 방송하였다.

적중 확률 1만분의 1이라는 퍼펙트 골드의 공식 기록은 이 결승전에서 김경욱 선수가 쏜 여섯 번째 화살이 처음이었다.

그녀는 양궁 여자 단체전에서도 독일을 누르고 금메달을 추가하였다.

---

41 동아일보, 1996년 8월 2일(금요일), 13면

애틀란타 올림픽 양궁 2관왕 김경욱 선수 축하퍼레이드

올림픽 금메달 2개를 따고 귀국한 김경욱 선수는 8월 9일 여주군 청 앞 광장에서 개최된 대규모 환영 행사에 참석하였고 여주 시내 를 도는 카퍼레이드까지 벌렸다.

김경욱 선수의 올림픽 금메달 2관왕을 계기로 1999년 11월 5일 여주군청에 여자 양궁부가 창단되어 지금까지 이어오고 있다.

그녀는 2008년 선수 생활을 접은 후에도 양궁 경기 해설위원(북 경, 런던 올림픽 등), 중국 실업팀 감독 등을 하였다.

올림픽 양궁 경기 해설을 하며 한 아래의 말은 그녀의 경험과 소 망을 쏟아놓은 것 같다.

애틀란타 올림픽 양궁 2관왕 김경욱 선수 축하퍼레이드

자기 활을 쏴야 합니다. 남을 의식할 필요가 없습니다.

언제나 복병은 있고 위기도 있게 마련입니다.

바람은 불다 안 불다 합니다.

지나친 긴장은 불안으로 이어집니다.

욕심내지 말고 평상심으로 잠시 하늘을 쳐다보렴~~

아직 기회가 있습니다.

국민 여러분! 졌을 때 더 큰 박수를 쳐 주세요.

한번 실수한 선수가 더 큰 선수가 될 수 있습니다. 42

---

42  백영옥, 나 보란 듯이 살자, 위클리 공감 408호, 2017. 64쪽

# 4

# 대한민국 임시정부 군무부장을
# 10년간 역임한 조성환

조성환曺成煥(1875~1948)은 여주시 대신면 보통리에서 태어났으며 대한민국 임시정부 군무부장으로서 광복군 창설을 주도하였다.

그러나 그는 최근까지 독립운동 관련 자료에 서울 출신으로 등재되어 있었다.

26세 때인 1900년 대한제국 무관학교에 입학하였으나 부패한 군부를 숙청하려다 발각되어 사형선고를 받았다. 그 후 무기징역으로 감형된 뒤 3년 만에 특별사면으로 석방되어 참위에 임관하였으나 사직하고 1906년 안창호, 양기탁 등과 신민회를 조직하여 항일 구

조성환과 부인 이숙진

국운동에 투신하였다.

1909년 중국 북경으로 망명하여 국외 독립운동기지 건설을 위해
활동하였다.

1912년에는 일본 총리대신 가쓰라의 만주 방문을 계기로 암살하
려다 사전에 발각되어 실패한 후 거제도에 유배되었다가 1년 만에
석방되어 만주로 망명하였다.[43]

---

43    여주군사편찬위원회, 여주군사 제2권, 2005년. 505쪽

1919년 대한민국 임시정부 수립에 참여하여 군무차장을 지내고 다시 만주에 가서 북로군정서 군사부장에 취임하여 청산리전투 등 무장 독립투쟁을 하였으며 독립운동단체가 대한독립군으로 통합될 때 외교부장이 되었다.

1932년 임시정부 국무위원에 선임되고 1935년 중반 이후 1944년 전반까지 10여 년간 임시정부의 군무부장으로 군사업무를 총괄하였다.

1939년에는 군사특파단의 단장을 맡아 1년간 서안에서 병사모집, 군사훈련 등의 임무를 수행하여 광복군의 토대를 마련하였다.

조성환 연설 장면

서울 효창공원 내 임정 요인의 묘(왼쪽부터 조성환, 이동녕, 차리석)

제2차 세계대전 말에는 임시정부의 군사 특파원으로 서안에 파견되어 중국 정부와 협의, 광복군 창설에 크게 기여하였다.

임시정부 국무위원 겸 최고 원수부 판공처장으로 있다가 1945년에 환국하여 대한독립촉성국민회 위원장, 성균관 부총재 등을 역임하였고 1948년 73세로 서거하였다. 장례는 사회장으로 치루어 효창공원 임정 묘역에 안치되었으며 정부는 선생의 공훈을 기려 1962년 건국훈장 대통령장을 추서하였다.

조성환 선생이 태어난 곳으로 알려진 "여주 보통리 고택(국가 민속문화재 제126호)"은 순조 13년(1813) 이조판서를 지낸 조윤대와 그의 아들 조봉진 등이 건립한 건물로 추정되며 2017년 2월 그 명칭이 "김영구 가옥"에서 "여주 보통리 고택"으로 변경되었다.[44]

2020년 10월에는 조성환 선생의 양자 조규택의 장녀 조주현 씨가 소장하고 있던 조성환 선생의 생활 유품과 장례 관련 유물 등 82건 160점을 여주박물관에 기증하였다.[45]

---

44  독립기념관 홈페이지, (블로그) 함께하면 좋은 독립 여행(독립운동가 사적지 탐방, 해외 독립운동가 조성환 생가), 2021.4.28

45  여주박물관 이야기, 광복군 창설의 주역 청사 조성환, 고향 여주로 오다. 여주박물관 소식지, 2021.12.16.쪽

여주 보통리 고택 전경(국가 민속문화재 제126호)

# 5

# 부인, 딸과 함께 독립운동을 한
# 김구의 최측근 엄항섭

— 5/5/0/년 여/주/이/야/기 —


경기도박물관이 2015년 8월에 개최한 광복 70주년 기념 사진전 "경기도의 독립운동가"에서 안재홍(평택), 조소앙(파주), 여운형(양평), 박찬익(파주), 엄항섭(여주) 등 5명을 대표적 인물로 선정하였다.[46]

대한민국 임시정부 선전부장을 지낸 엄항섭嚴恒燮(1898~1962)은 여주시 금사면 주록리 출신이다.

그는 1919년 보성법률상업학교(현 고려대학교)를 졸업하고 3.1운동

---

46　경기신문, 2015.8.12, 제12면

에 참여한 후 중국 상해로 망명하였다.

엄항섭이 임시정부에 법무부 참사로 몸담은 지 얼마 지나지 않은 1920년대 중반 임시정부가 경제적으로 매우 어려운 상태에 놓이게 되었다.

항주의 지강대학에서 중국어, 영어, 프랑스어 등을 배운 그는 상해 불란서(프랑스)조계 공무국에 취직하여 자신이 받은 월급으로 김구, 이동녕 등 임시정부 요인들의 끼니를 해결하고 일본영사관에서 주요 한인들을 체포하려는 정보를 얻어내 이들을 피신시키는 역할

1933년 대한민국 임시정부 요인들(맨 오른쪽이 엄항섭)

1927년 엄항섭과 연미당의 결혼식

도 담당하였다.47

 윤봉길 의사의 의거 후 김구의 도피 생활을 도왔고 김구가 쓴 여러 글을 외국어로 번역하여 알리는 일도 그의 몫이었다. 엄항섭은 김구를 최측근에서 보좌하며 임시 의정원 외무분과위원장, 주석 판공실 비서, 임시정부 국무원 선전부장 등을 역임하였다.

 광복 후 귀국하여 김구와 통일 정부 수립을 위해 노력하였으나

---

47  경기일보, '임시정부의 파수꾼이자 살림꾼' 엄항섭 선생(여주), 2015.8.7, 제12면

1950년 9월 납북되었으며 1962년 사망하였다.

정부는 1989년 그에게 건국훈장 독립장을 추서하였다. 엄항섭의 부인 연미당延薇堂(1908~1981), 딸 엄기선嚴基善(1929~2002) 또한 독립유공자이다.


연미당은 상해 한인 여자청년동맹 임시위원, 중경 한국 애국부인회 조직부장 등을 지내며 주로 임시정부와 광복군의 활동 상황을 알리고 반일의식을 고취하는 방송을 담당하였다.

정부는 1990년 그녀에게 건국훈장 애국장을 추서하였다.

딸 엄기선도 한국광복군의 전신인 한국 광복진선 청년 전지공작

엄항섭 집 터(여주시 금사면 주록리)

대 일원으로 활동하여 1993년에 건국포장을 받았다.[48]

　연미당의 아버지 연병환延秉煥과 그의 동생 연병호延秉浩도 독립운동을 하여 형제, 딸, 사위, 외손녀까지 3대에 걸쳐 5명의 독립유공자를 배출하였다.

　충청북도 증평군 도안면 석곡리에는 "연병호 항일역사공원과 연병호 항일기념관"이 조성되어 있어 이들 가족의 독립운동 역사를 조명하고 있다.[49]

---

48　경기도 경기문화재단, 경기도 항일운동 인명록, 2020.2

49　뉴스 더 원, 애국지사 연병환, 연병호, 연미당의 가족 독립운동사, 2022.3.16

1936년 임시정부 요인과 아이들
(앞줄 가운데 엄기선, 뒷줄 왼쪽부터 연미당, 엄항섭)

# 6

# 3.1운동 독립선언서에 서명한
# 민족 대표 33인의 한 사람인 홍병기

—— 5/5/0/년 여/주/이/야/기 ——

3.1운동을 주도한 민족 대표 33인 중 한 명인 홍병기洪秉箕(1869~ 1949)는 여주시 금사면 이포리에서 태어났다. 그러나 최근까지 독립 운동 관련 자료에는 홍병기가 서울 출신으로 등재되어 있었다.

그는 24세 때인 1892년 동학에 입교하여 접주接主가 되었고 2년 후 10월 제2차 동학 농민운동 시 여주에서 임학선 등과 함께 봉기 하였다.

그 후 천도교 장로로 있으면서 서울에서 천도교계의 3.1운동 추 진을 주도하였다.

홍병기

1919년 2월 26일 천도교 중앙총부에서 권동진을 만나 독립운동 추진 상황을 확인하고 다음 날에는 다른 민족 대표들과 함께 독립 선언서에 서명하였다.

3월 1일 독립선언을 한 후 일본 경찰에 체포되어 징역 2년의 옥고를 치렀다.[50]

1919년 초 일제 탄압으로 국내에 종교계 이외에는 조직적인 세력이 존재하지 않았는데 박영효, 한규설 등 당시 대중적 지명도가

---

50    여주박물관, 그날의 함성을 기억하다. – 논고: 여주 3.1운동의 특성과 역사적 과제, 황선익, 2019.3.29, 74쪽

높은 인사들은 3.1운동 민족 대표가 되는 것을 고사하였다.

3.1운동을 이끈 전체적 조직의 중심은 천도교이었는데 천도교 측과 개신교 측이 만나 3.1운동의 거사일, 거사 방법 등을 논의하고 불교계도 참가토록 하였다.

이로써 민족 대표 33인은 천도교인 15명, 개신교인 16명(장로교 7명, 감리교 9명), 불교인(승려) 2명 등으로 구성되었다.[51]

홍병기는 출옥 후 만주로 망명하여 1926년 지린성吉林省에서 최동희, 양기탁, 오동진 등과 고려혁명당 창당에 참여하여 고문, 중앙집행위원장 등을 맡다가 다시 검거되어 신의주 형무소에서 2년간 복역하였다.

광복 후 1945년 그는 "삼일 동지회" 고문으로 독립 촉성 선서식을 거행하였고 1947년에는 동학혁명 53주년 기념대회에 참가하여 동학혁명의 의의를 전파하는 활동을 벌였다.

1949년 교통사고로 81세에 서거하여 국립묘지 애국지사 묘역(18번)에 안장되었고 1962년 건국훈장 대통령장이 추서되었다.[52]

---

51   천지일보, 〈(3.1절 100주년 ⑵) 3.1운동 주도 민족 대표 33인--- 종교계 연합전선의 빛과 그림자, 2019.2.20

52   여주박물관, 전게서, 74쪽

# 7

# 여주 3.1운동을 시작한 조병하와
# 뒤이은 독립운동가들

3.1운동은 1919년 3월 1일에 일어난 전국적인 독립 만세운동이다.

미국 대통령 윌슨(T. W. Wilson)이 제1차 세계대전의 전후 처리 원칙으로 파리 강화회의에서 민족자결주의를 제창하면서 식민지 상태에 있던 약소민족들에게 큰 희망을 주었다.

우리나라 독립운동가들은 1919년 2월 중국 만주 길림성에서 39명이 무오 독립선언을 발표하고 상해 신한청년당은 김규식을 파리 강화회의에 파견하였다.

재일 한국 유학생들도 도쿄 조선 기독청년회관에서 2.8 독립선언을 하였고 국내의 종교계 민족 대표들은 고종의 국장일(3월 3일) 이전 3월 1일에 서울 종로 태화관에서 독립선언식을 거행하였다.[53]

이를 기점으로 촉발된 만세운동은 전국적으로 확대되어 약 두 달간 치열하게 전개되었다.

여주에서는 1919년 3월 말부터 4월 초까지 약 2주 정도 만세 시위 운동이 일어났다.[54]

여주 3.1운동 최초의 움직임은 3월 26일경 주내면 상리(현 여주시 상동)에서 조병하趙炳夏(1897~1947)에 의해 시작되었다.

그는 심승훈, 한백웅, 한돈우 등에게 독립 만세운동을 일으킬 것을 제의하였다. 그리고 보통학교 학생들에게 "서울에서는 학생들이 주동이 되어 독립 만세 시위를 전개하고 있는데 이 지방에서는 이렇게 평온하게 지내고 있다는 것은 심히 부당하므로 독립 만세 시위 운동을 일으키자."라고 종용하다가 일본 경찰에 체포되어 징역 1년을 선고받고 옥고를 치렀다.

하지만 이 사건으로 인해 여주 각 면 단위로 만세운동이 전개될 수 있었다.

---

53  김진봉, 3.1운동 (교양 국사 총서 31), 세종대왕기념사업회, 2000.2, 49~76쪽

54  여주박물관, 그날의 함성을 기억하다 (3.1운동 100주년 특별 기획전) 2019.3. 28쪽

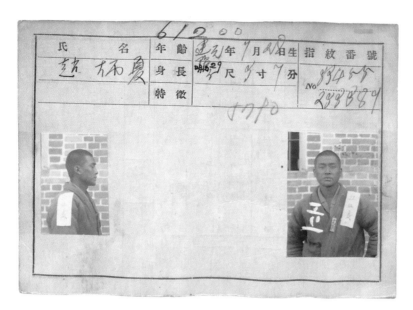

조병하의 일제 감시대상 인물 카드

(뒷면에는 주소, 활동 및 검거기록 등이 적혀있음)

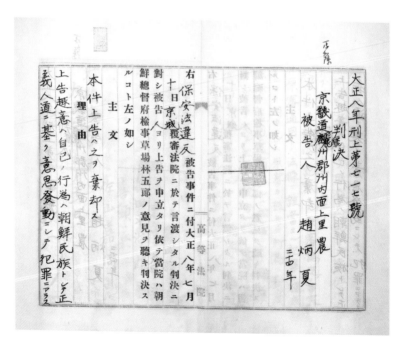

조병하 고등법원 판결문

(1919.9.4. 공소를 기각하여 징역 1년 확정)

금사면 이포에서는 4월 1일 여주지역에서 최초이자 가장 큰 규모의 만세운동이 벌어졌다. 3,000여 명에 달하는 군중이 만세운동을 하면서 이포리 헌병주재소를 습격하였다.

군중들이 서류와 기물을 파괴하는 등 시위가 격화되자 일본 헌병들이 발포하여 군중을 해산시키고 19명을 체포하였다. 이 이포 만세운동은 일제가 경기도 만세 시위의 "광포狂暴"한 사례로 꼽을 만큼 여주 주민의 강렬한 투쟁정신을 보여주는 시위이었다.

4월 2일에는 주내면 월송리, 능서면 왕대리, 대신면 가산리, 북내면 천송리 등에서 80여 명에서 130여 명이 만세운동에 참가하였다.

4월 3일에는 여주에서 가장 여러 지역과 많은 인원이 만세운동에 참가하였다.

우선 흥천면 복대리에서 1,600여 명이 참가하였는데 1953년 정부에서 조사한 3.1운동 피살자 명부에 등재된 복대리의 이갑수, 이광현, 김명중, 강춘운 등이 이 시위의 주도자로 추정된다.

다음 북내면 당우리, 오금리, 오학리 일대에서는 경성공립농업학교 학생인 원필희, 이원기의 주도로 만세운동이 진행되었다.

이들은 강영조, 김학수 등과 태극기를 만들고 최영무, 강두영, 최명용 등과 함께 장암리, 현암리, 외룡리 등의 주민들을 공북 학교(북내면 당우리) 운동장에 모이게 하여 800여 명이 독립 만세를 외치며

1919년 4월 3일 만세운동을 일으킨 공북 학교 터(북내면 당우리)

읍내로 향하였으나 오학리에서 일본 헌병의 발포로 해산되었다.

　북내면 천송리에서는 신륵사 승려 김용식 주도로 200여 명이 모여 독립 만세를 외치며 읍내로 향하다가 남한강 변에서 만세 시위를 하였다.

　김용식은 선두에 서서 무명천으로 만든 태극기를 흔들며 독립 만세를 선창하는 등 시위를 주도하다가 체포되어 여주 3.1운동 주도자 중 가장 오랜 기간인 2년 형을 선고받고 옥고를 치렀다.

　대신면 윤촌리에서는 황재옥 주도로 40~50명이 횃불 봉화 시위를 하였다.

4월 3일 오후 9시경에는 여주 읍내 1,000여 명이 만세운동에 참여하여 군청을 습격하였고 그 과정에서 다수의 부상자가 발생하고 10여 명이 검거되었다.

4월 7일에는 북내면 만세운동 주도자를 체포하는 과정에서 현암리 주민 등 200여 명이 항의하자 헌병이 총을 발사하여 3명이 사망하고 1명이 부상하였다.

4월 11일에도 개군면 주읍리(당시 여주군)에서도 만세운동 시위자 검거에 50여 명이 저항하자 총을 발사하여 1명이 피살되었다.

위에 언급된 만세운동 주도자들은 검거되어 징역 10월에서 2년을 선고받고 옥고를 치렀다. 대한민국 건국 이후 정부에서는 독립유공자를 포상하였는데 여주 3.1운동 주도자들에게는 1990년 이후 건국훈장 애족장, 대통령 표창 등을 추서하였다.

여주지역에서 3.1운동으로 희생된 인원은 일제 기록에는 10명 이하로 되어 있으나 1920년 편찬된 박은식의 "한국독립운동지혈사"에는 사망자 26명, 부상자 125명으로 기록되어 있는데 실제로는 그 이상의 희생자가 발생했을 것으로 추측된다.[55]

---

55  상게서, 32~37쪽

# 8

## 병자호란 시 김화 전투를
## 승리로 이끌고 전사한 홍명구

병자호란은 청나라 태종이 12만 명의 대군을 이끌고 1636년(인조 14년) 12월 9일 압록강을 건너 한양으로 직행하며 시작되었다.

이 전쟁은 다음 해 1월 30일, 인조 임금이 47일간 머물던 남한산성에서 나와 서울 잠실 인근 삼전도三田渡에서 항복하며 끝났다.

여주 출신 평안도 관찰사 홍명구洪命耈(1596~1637)와 평안도 병마절도사 유림柳琳(1581~1643)은 군사를 이끌고 청나라 군대를 뒤쫓다가 1637년 1월 28일 강원도 김화金化에서 적과 마주쳤다.

평야 지대에 진을 쳤던 홍명구는 백병전까지 치루며 분전한 끝에 전사하였으나 잣나무 숲 언덕에 진을 쳤던 유림은 당일 오후 전투에서 승리하여 적이 많은 사상자를 내고 철수케 하였다.

홍명구가 적의 공격을 받기 쉽고 방어하기 힘든 평지에 진을 친이유는 "높은 곳에 진을 치면 청군이 공격해오지 않을 수 있기 때문에 남한산성을 포위한 청나라 병력을 분산시킨다는 전략을 달성할수 없을 것으로 판단하였기 때문이다."라고 권순진 국방문화재연구원 조사연구 팀장은 말하였다.[56]

병자호란 중 적과 싸워 이긴 전투는 이 김화 전투와 전라도 병마절도사 김준용金俊龍이 이끈 경기도 용인 광교산 전투뿐이었다.
그러나 이틀 후 삼전도에서 인조가 굴욕적인 항복을 한 치욕의역사가 너무 강렬하여 승리한 전투이지만 잘 알려져 있지 않다.

인조는 홍명구의 전사를 가상히 여겨 그 아들 홍중보洪重普를 영릉英陵 참봉에 임명하고 그가 죽기 직전인 1649년(인조 27년)에는 홍명구의 손자 홍득기洪得箕를 효종의 둘째 딸인 숙안공주淑安公主의 부마로 삼았다.

홍명구의 묘는 금사면 이포리에 있으며 인근에 있는 기천서원에

---

아름다운 파도 문양의 홍명구 신도비

삼정승을 지낸 동생 홍명하洪命夏와 함께 배향되어 있다.

또한 그가 전사한 곳에 충렬사란 사당을 지어 그와 유림을 모시었고 왼쪽 전각에는 홍명구충렬비와 유림대첩비가 있다.

홍명구가 요절할 것을 예측한 일화가 "대동기문大東奇聞"에 실려있다.

홍명구가 어릴 적에 '꽃이 지니 천지가 다 붉네花落天地紅'라는 시를 지으니 종조모 유씨從祖母 柳氏가 그 시를 보고 "이 아이가 반드시 귀한 자리에 오를 것이나 요절할 것 같구나. 만약 꽃이 피니 천지가 다 붉네花發天地紅라고 하였다면 복록福祿이 한량없었을 터인데. 피니發가 아닌 지니落라고 했으니 큰 복을 누릴 기상이 없어 참 애석한 일이야."라고 탄식했다.[57]

---

57  강효석 저, 김성언 역주, 쉽게 풀어 쓴 대동기문(하), 국학 자료원, 2001. 246쪽

강원도 철원군 김화읍에 있는 충렬사

충렬사 전각 안에 있는 홍명구충렬비와 유림대첩비

# 9

# 임진왜란 시 고래산 전투에서 순절한
# 열녀 청풍김씨

——— 5/5/0/년 여/주/이/야/기 ———

필자의 "550년 여주 이야기" 책자에서 임진왜란 때 양평 고래산 전투에서 가족 3인과 함께 전사한 정응린鄭應麟 의병장을 소개한 바 있다.

정응린 의병장의 가족 3인 중 맏며느리인 청풍김씨淸風金氏는 그 행적이 1617년(광해군 9년)에 왕명으로 편찬된 동국신속삼강행실도東國新續三綱行實圖에 목판화와 함께 실려있다.[58]

---

58  한국민족문화대백과, 東國新續三綱行實圖(동국신속삼강행실도) 제4권, 홍문각, 1992. 2, 765~767쪽

청풍김씨 효열비

  청풍김씨는 의병을 일으킨 시아버지와 시댁 일가를 따라나서 의병부대에 합류하였다.

  남편 정적鄭迪이 강원도로 군량미를 구하러 간 사이에 양평(당시 지평현) 고래산에서 전투가 벌어졌다.

  이 전투에서 시아버지가 왜군의 총탄을 맞고 낭떠러지에 떨어져 죽자 청풍김씨는 곧바로 내려가 시아버지의 주검을 확인하고 통곡하였다.

그 사이 왜적이 쫓아와 칼을 휘두르며 위협하였는데도 조금도 두려워하지 않고 저항하다가 죽임을 당하였다.

광해군 때 열녀로 정문旌門(홍살문)이 내려졌다.

동국신속삼강행실도에는 "(청풍) 김씨는 이천부利川府 사람으로 선비 정적의 처이다. 임진왜란 시 남편을 따라 지평에서 피난 중에…(이하 생략)"라고 적혀 있다.

청풍김씨가 이천利川사람이 아닌 여주驪州 사람으로, 지평에서 피난 중에 가 아니라 왜적과 전투 중에 죽임을 당한 것으로 수정해야 할 것이다.

여주 군사에는 여주의 열녀烈女로 정적의 처 청풍김씨 외에도 12명이 더 기록되어 있는데 그중 2명을 소개하고자 한다.[59]

첫째는 경시강의 처 나주정씨羅州鄭氏로 임진왜란 시 왜적이 닥쳐오자 스스로 목숨을 끊어 광해군 때 정문旌門이 내려졌다.

그녀의 행적이 청풍김씨와 함께 동국신속삼강행실도에 목판화와 함께 실려있으나 청풍김씨와 같이 이천사람으로 기록되어 있어 여주사람으로 수정해야 할 것이다.

---

59  여주군사편찬위원회, 여주군사 제2권, 2005. 332~348쪽

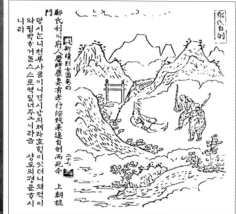

'동국신속삼강행실도'의
열녀 나주정씨 목판화

장조이 열녀비(왼쪽)

둘째로는 여주 향리 윤응빙의 처 장조이張召吏이다.

조이召吏란 성姓 아래에 붙여서 과부임을 나타내던 이두吏讀이다.

그녀는 병자호란 중에 청나라 군사에게 사로잡히게 되자 여주시 상동 마암에서 강물로 뛰어들어 자결하였다.

이에 1637년(인조 15년) 정문이 내려졌고 여주 교육청 맞은편 길가에 세워져 있던 열녀비는 영월루 공원에 옮겨져 있다.

# 10

## 강물에 빠진 아버지를 구하려다 함께 죽은 효자 길수익

여주시 능서면(현 세종대왕면) 왕대리에는 향토유적 제15호로 지정된 "길수익 효자비"가 세워져 있다.

영릉의 수호군守護軍이었던 길수익吉壽翼은 1629년(인조 7년) 4월 아버지를 모시고 마을 사람들과 함께 고기잡이를 나갔다가 배가 침몰하자 간신히 탈출하였다.

그러나 아버지가 나오지 못한 것을 알고 이를 구하려 다시 물로 뛰어들어가 아버지를 안고 나오다가 힘이 빠져 죽고 말았다.

이웃 사람들이 그물을 던져 시신을 인양하였더니 부자가 서로 껴

안고 있어서 쉽게 풀리지 않았다고 한다.[60]

지방 유림의 상소와 경기도 관찰사의 보고에 따라 길수익이 죽은 지 41년 만인 1670년(현종 11년) 고향에 정문旌門(홍살문)이 하사되었다.

여주 군사에 보면 여주의 효자孝子로 길수익 외에 28명이 더 기록되어 있다.

이들은 부모의 병환에 손가락을 잘라 피를 입에 흘려 넣어 소생시키거나 종기의 고름을 빨아내어 고치는 등 효성이 지극하여 나라에서 표창한 경우이다.

표창 방법으로는 주로 살고 있는 마을에 정문旌門(홍살문)을 세워주거나 조세, 부역을 면제하여 주었다.

그러나 효행으로 추천받아 벼슬을 하거나 관청의 일을 보기도 하였는데 여주의 효자로 단종 때 송상과 유흥원, 성종 때 민계점 등이 이와 같은 혜택을 받았다.

또한 숙종 때 가남면(화평리)의 신목申穆, 신석효申錫孝, 신경申璟 등은 3대가 모두 효행으로 연이어 정문旌門이 내려지거나 조세를 면제받아 이름난 효자 집안으로 명성이 자자하였다.[61]

---

60   조선왕조실록, 인조실록 20권, 인조 7년 4월 22일

61   여주군사편찬위원회, 여주군사 제2권, 2005년, 334~348쪽

길수익 효자비

# 11

## 장희빈 때문에 폐, 서인 되었다가
## 복위된 인현왕후

숙종 임금과 인현왕후, 그리고 장희빈은 조선 사극에서 가장 유명한 삼각관계의 주인공으로 TV 드라마나 영화에 많이 등장하였다.

인현왕후仁顯王后(1667~1701)는 여흥민씨 민유중의 딸로 숙종의 첫 번째 부인인 인경왕후 김씨가 죽자 1681년(숙종 7년) 두 번째 왕비가 되었다.

그녀는 예의가 바르고 덕성이 높아 국모로서 백성들의 추앙을 받았으나 왕자를 낳지 못하여 숙종의 총애를 잃게 되었다.

숙종과 인현왕후의 명릉(경기 고양시 서오릉 내)

궁녀이었던 희빈장씨禧嬪張氏(1659~1701)에게서 1688년(숙종 14년) 왕자(후에 경종)가 출생하자 결혼한 지 17년 만에 아들을 얻은 숙종은 이듬해 이 왕자를 원자元子(임금의 맏아들)와 세자로 책봉하려 하였다.

송시열 등 서인 인사들은 중전인 인현왕후의 나이(23세)가 한창인 점 등을 들어 이에 반대하였다. 그러나 숙종은 서인들을 면직 또는 사사賜死시키고 장희빈이 속한 남인들을 정계의 요직에 등용하였다.

이후 인현왕후는 폐위廢位되어 궁중에서 쫓겨나 서인庶人으로 안국동 본가(감고당)에서 지내게 되었다. 그러나 시간이 흐르며 숙종이 인현왕후를 폐위시킨 것을 후회하고 1694년(숙종 20년) 남인들을 전격적으로 유배, 사사시키고 서인들을 정계에 복귀시켰다.

이때 인현왕후도 복위되었으나 원인 모를 질병으로 1701년(숙종 27년) 35세의 젊은 나이로 사망하였다.[62]

인현왕후가 죽은 직후 장희빈이 취선당 서쪽에 신당을 설치하고 왕비가 죽기를 기도한 일이 발각되어 장희빈도 같은 해에 사약을 받고 42세에 죽임을 당하였다.

인현왕후가 안국동 본가에서 생활할 때 시중에서는 백성들이 그녀에 대한 존경심을 담아 노랫가락을 만들어 불렀다고 한다.

> 미나리는 사철이요, 장다리는 한철일세.
> 철을 잊은 호랑나비 오락가락 노니느니,
> 제철 가면 어이 놀까, 제철 가면 어이 놀까.

여기서 미나리는 민 씨(인현왕후)를, 장다리는 희빈장씨를, 호랑나비는 숙종을 가리키는 말로 장희빈은 한때이지만 인현왕후는 영원하다는 뜻이다.[63]

---

62  여주군사편찬위원회, 여주군사, 제2권, 2005. 182~183쪽

63  윤정란, 조선 왕비 오백 년사, 이가 출판사, 2008. 273쪽

인현왕후가 폐위 기간 중 살았던 감고당
(서울 종로구 안국동에 있었으나 도봉구 쌍문동으로 옮겼다가 2006년 여주 명성황후생가 내로 이전)

# 12

# 안동김씨 60년
# 세도정치를 연 순원왕후

조선 순조 임금의 왕비인 순원왕후 김씨純元王后 金氏(1789~1857)는
여주에서 살았던 안동김씨 김조순의 맏딸로 14세에 왕비로 책봉되
었다.

그녀는 두 번에 걸쳐 10년 동안 수렴청정垂簾聽政(임금이 어린 나이로
즉위하였을 때 왕대비나 대왕대비가 이를 도와 정사를 돌보던 일)을 하는 이례
적인 기록을 남겼다.

조선 시대 수렴청정은 성종 때 세조비 정희왕후(8년), 명종 때 중
종비 문정왕후(9년), 선조 때 명종비 인순왕후(8개월), 순조 때 영조비

정순왕후(4년), 헌종, 철종 때 순조 비 순원왕후(각 7년, 3년), 고종 때 익종비 신정왕후(4년) 등 모두 7차례 시행되었다.[64]

순원왕후는 수렴청정을 하면서 헌종비 효현왕후와 철종비 철인왕후를 안동김씨 가문에서 맞아들여 안동김씨 60년 세도정치의 기반을 굳건히 하였다.

효현, 철인왕후는 각각 여주에 살던 김조근과 김문근의 딸이었는데 김조근은 순원왕후의 부친 김조순과 7촌 간이고 김문근은 8촌 간이었다.

김조순으로부터 시작된 안동김씨의 세도정치는 철종의 장인인 김문근 시대에 절정에 달하였는데 매관매직, 조세제도의 문란, 동학과 서학(천주교)의 확산 등으로 국가 기강을 무너뜨리고 사회의 혼란을 초래하였다.

그러나 순원왕후는 남편(순조)과 4자녀, 그리고 손자(헌종)까지 자신보다 먼저 떠나보내는 인간적인 슬픔을 겪었다.

그녀는 자녀 중 마지막 하나 남았던 막내딸(덕온공주)이 1844년(헌종 10년)에 23세의 젊은 나이로 죽자 친정 6촌 동생 김흥근에게 보낸 한글 편지에서 "내가 이번에 당한 바는 지극히 원통함이 매일 모르

---

64    임혜련, 19세기 수렴청정 연구, 박사 학위 논문, 2008. 61쪽

순조와 순원왕후의 합장릉
(인릉, 서울 서초구 헌인릉 내)

고 살기가 소원이나 이렇게 살아있으니 하늘이 어찌 내게 이리 박하신가. 무슨 죄인지 알지 못하겠네."라며 하늘을 원망하고 자신의 팔자를 한탄하였다.[65]

순원왕후는 규장각에 보관된 57점을 비롯하여 많은 한글 편지를 남겼는데, 이 편지들은 19세기 중엽 왕실과 사대부가에서 사용한 한글의 표현 방식과 문법을 보여주어 국어 사적으로 귀중한 자료로 평가되고 있다.

---

65  이승희 역주, 순원왕후의 한글 편지, 도서출판 푸른역사, 2010. 374쪽

# 13

## 소현세자가 왕위에 오르지 못해 공주가 되지 못한 경순군주

여주시 금사면 장흥리에는 소현세자의 막내딸 경순군주慶順郡主
(1643~1697)와 황창부위黃昌副尉 변광보邊光輔(1644~1662)의 합장묘가
있다.

소현세자昭顯世子(1612~1645)는 9년간의 청나라 볼모 생활을 마치
고 1645년(인조 23년) 귀국한 지 두 달 만에 갑작스레 세상을 떠나고
부인 민회빈 강씨愍懷嬪 姜氏도 이듬해에 인조 임금의 음식에 독약을
넣었다는 역모 혐의로 죽임을 당하었다.

이어서 소현세자의 세 아들들은 제주도로 귀양을 보냈는데 두 명

은 다음 해에 죽고 막내아들(경안군)은 귀양간 지 9년 만에 유배에서 풀려났다.[66]

소현세자에게는 세 딸이 있는데 모두 출가하였다.

막내딸인 경순군주는 세 살 되던 해에 아버지가 사망하자 효종이 친딸같이 길렀고 14살 되던 해에 황창부위 변광보와 결혼하였다.

그러나 변광보가 결혼한 지 5년 후에 자식도 없이 죽어 형의 둘째 아들을 입양하여 대를 잇도록 하였다.[67]

조선 시대 왕의 딸은 공주公主(모친이 왕비), 옹주翁主(모친이 왕의 후궁)라 하고 왕세자의 딸은 군주郡主(모친이 세자빈), 현주縣主(모친이 세자의 후궁)라 하였다.

후에 왕세자가 왕위에 오르거나 죽은 후 왕으로 추존(예 : 사도세자)되면 그 딸들은 공주, 옹주로 격상되었다.

또한 공주, 옹주와 결혼한 사위에게는 "위尉", 군주, 현주와 결혼한 사위에게는 각각 "부위副尉"와 "첨위僉尉"의 칭호를 부여하였다.

조선의 왕세자 딸들 중에서 소현세자의 세 딸(장녀: 경숙군주, 차녀: 경녕군주, 3녀: 경순군주)이 공주로 격상되지 못한 유일한 경우이다.[68]

---

66    이덕일, 조선왕 독살 사건, 다산초당, 2005. 109~126쪽

67    여주군사편찬위원회, 여주군사 제2권, 2005. 96~97쪽

68    한국학중앙연구원 한국학진흥사업단, 조선왕조실록 사전 포털(군주, 첨위 등)

변광보와 경순군주의 합장묘

서너 살에 부모를 여의고 20세에 남편이 자식도 없이 죽은 후 55세까지 살다간 경순군주의 한평생 운수는 기구하였다고 하겠다.

경기도는 2018년 4월 30일 황창부위 변광보와 경순군주의 합장묘를 위한 묘막으로 조성된 건축물(안채, 사랑채, 사당 등)을 경기도 문화재 자료 제185호("여주 장흥리 변씨 고택")로 지정하였다.

# 14

# 실학의 선구자로 우리나라 최초 역사 지리서를 쓴 한백겸

조선 후기 실학의 선구자적 역할을 한 한백겸韓百謙(1552~1615)의 묘는 여주시 강천면 부평리에 있으며 그의 묘와 신도비는 경기도 기념물 제165호로 지정되어 있다.

조선 시대의 통치 이념인 성리학이 이론과 형식에 치우치자 17세기 초에 이를 비판하며 현실사회에 도움이 될 수 있는 학문을 연구하는 실학實學이 대두되었다.

이 실학의 선구자로 이수광李睟光(1563~1628)과 한백겸을 꼽는다.

이수광은 우리나라 최초 백과사전인 "지봉유설芝峰類說"을 저술하였고 한백겸은 실증적인 고증을 거쳐 "동국지리지東國地理志"를 편찬하였다.

동국지리지는 우리나라 최초 역사 지리서로서 이후의 역사 지리서인 동국여지지東國輿地志(유형원), 동사강목東史綱目(안정복), 아방강역고我邦疆域考(정약용) 등에 큰 영향을 미쳤다.

한백겸은 동국지리지에서 마한, 진한, 변한 등 삼한三韓이 한강 이남에 있었다고 고증하였으며 고조선이 만주나 중국 일대에까지 미쳤다는 독창적인 견해도 밝혔는데 많은 실학자들이 그의 학설을 그대로 인정하였다.[69]

그는 또한 대동법大同法의 근간을 마련하였다.

백성들은 토지 소유세인 전세田稅 이외에 농민이 가옥을 소유한 대가로 지역특산물인 공물貢物도 나라에 바쳤다.

공물은 생산량이 기후에 영향을 받거나 운반에 어려움이 많아 백성들의 고통이 컸다.

또한 관청에서 필요한 물품을 미리 사들이고 그 대가를 뒤에 농민에게서 비싸게 받아내는 이른바 방납防納의 폐단도 있었다.

---

69  박석무, "역사의 땅, 사상의 고향"(15) 실학적 역사학 창시 한백겸(상), 경향신문, 2007.8.3

한백겸 묘

한백겸은 1608년(광해군 즉위년)에 호조 참의로 재직하며 공물변통소貢物變通疏라는 상소를 올려 공물을 쌀과 베로 통일하여 바치게 하자고 제안하였다.[70]

공물로 인한 백성의 부담을 덜어주기 위한 이 제안 내용을 영의정인 이원익이 받아들여 강력히 주장하자 경기도에 한하여 그해에 대동법으로 시행되었다.

이 대동법은 공납貢納을 전세田稅로 바꾼 까닭에 토지가 많은 양반

---

70  이선희, 조선의 목민관 열전(6), 조선 중기의 대표적 학자 한백겸, 한겨레 21(제814호), 2010.6.10

지주들의 반대로 경기도에 시행한 지 100년이 지난 1708년(숙종 34년)에야 함경도, 평안도를 제외한 전국에서 시행하게 되었다.[71]

71   한영우, 다시 찾는 우리 역사, 경세원, 1997. 242쪽, 346쪽

# 15

## 왕후의 청탁을 거절한
## 북벌 추진 훈련대장 이완

　효종과 함께 북벌계획을 추진한 훈련대장 이완李浣(1602~1674)의 묘는 여주시 상거동에 있으며 경기도 기념물 제16호로 지정되어 있다.

　그는 1653년(효종 4년) 훈련대장에 임명되어 신무기의 제조, 성곽의 개수 및 신축, 군사의 훈련 등 전쟁 준비를 해나갔다. 그러나 효종의 갑작스러운 죽음(1659)으로 북벌계획은 좌절되었다.

　그 이후 이완은 공조판서, 형조판서, 수어사 등를 거쳐 1674년(현종 15년) 5월 우의정에 이르렀으나 한 달 만인 그해 6월에 사망하였다.

이완 묘

이완의 강직한 성품을 보여주는 일화가 있어 소개한다.[72]

이완이 수어사로 있을 때 부하로 있는 아전 한 명이 죄를 지어 죽임을 당하게 되었다.

마침 그 죄인의 누이가 인선왕후(효종비)를 모시는 궁녀이었기에 왕후를 통하여 구명을 청하여 왔다.

이완에게는 누이가 한 분 있었는데 그 누이의 며느리가 바로 효종의 6녀인 숙경공주인 것을 기화로 인선왕후(당시는 현종 재위 시로 대비이었음)가 딸인 숙경공주를 이완의 집에 보내 구명을 청하였던 것

---

72    정재륜, 공사견문록公私見聞錄, (사)세종대왕기념사업회 역저, 1983. 84쪽

이었다.

이완은 "대비(인선왕후)께서 직접 살려주라고 하명하여도 법을 굽힐 수 없는데 하물며 옆으로 들어온 말로 어떻게 법을 굽히겠습니까? 공주는 다시 이 같은 청을 하지 마시기 바랍니다." 하였다.

인선왕후는 이 말을 전해 듣고 부끄러워 뉘우쳤으며 현종은 이완을 더욱 공경하였다.

이완 신도비

다른 하나는 이완이 훈련대장으로 임명받은 직후 바로 집을 옮긴 일이다. 그는 창덕궁 동쪽 낙산 밑에 인평대군(인조의 3남, 효종의 동생)의 집과 이웃하여 살았는데 훈련대장이 되자 안국동으로 이사를 갔다. 병권을 가진 장수로서 행여 유력한 왕족과 관련된 구설수에 올라서는 안 된다는 판단에서였다.

이완이 준비성이 철저한 무장이었음을 알려주는 일화도 있다.[73]

---

73  여주문화원, 여주와 함께한 사람들, 2007. 176쪽

훈련대장으로 북벌군을 양성하고 있을 때 한밤중에 입궐하라는 어명을 받았다. 황급히 궁궐 문에 들어서니 성벽 위에서 화살이 빗발치듯이 날아왔다. 그러나 이완은 관복 속에 미리 갑옷을 입었기에 화살이 몸에 맞아도 그냥 떨어져 나갔다.

효종이 신하들의 정신 상태를 확인하기 위하여 한밤중에 문무백관을 비상 소집한 뒤 화살촉이 박히지 않은 화살을 쏘게 한 것이었다. 이완의 준비성에 감탄한 임금이 그날 밤부터 이완을 궁전으로 불러들여 북벌계획을 논의하였다고 한다.

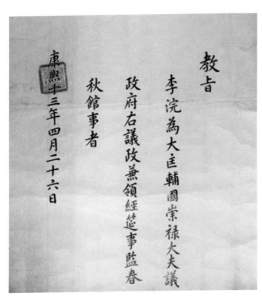

이완 교지
(우의정 임명 사령장)

# 16

# 당쟁으로 아버지부터 손자까지
# 4대가 죽임을 당한 김창집

여주시 대신면 초현리 안동김씨 종중 묘지 아래에 정려문旌閭門(정문이라고도 함)이 세워져 있다.

이 정려문에는 일묘사충지문一廟四忠之門이라고 쓴 편액이 걸려있는데 그 뜻은 하나의 정려문에 4명의 충신을 모셨다는 것이다.

4명의 충신은 영의정을 지낸 김창집金昌集, 또한 영의정을 지낸 그의 아버지 김수항金壽恒, 승지를 지낸 아들 김제겸金濟謙과 손자 김성행金省行을 말한다.

안동김씨 일묘사충 정려문

안동김씨 '일묘사충지문' 편액

김창집金昌集(1648~1722)은 1722년(경종 2년) 노론 4대신(영의정 김창집, 좌의정 이건명, 전 좌의정 이이명, 전 우의정 조태채)의 우두머리로서 연잉군(후에 영조)의 대리청정代理聽政(왕이 병들거나 나이가 들어 정사를 제대로 돌볼 수 없게 될 때 세자나 세제가 왕 대신 정사를 돌봄)을 주장하다가 소론에 의해 역모로 몰려 다른 3명과 함께 사형을 당하였다.(신임사화辛壬士禍)

김창집이 역모죄로 죽은 후 그 아들 김제겸도 울산, 부령 등에 유배되었다가 죽임을 당하였다. 또한 그의 손자 김성행도 연잉군의 집에서 모여 역모를 도모하였다는 혐의를 받고 아홉 차례나 고문을 받았지만 죽을 때까지 혐의를 부인하다가 감옥에서 죽었다.

1724년 연잉군이 영조로 등극한 후 노론에 의해 "종사宗社가 오늘날까지 보존될 수 있었던 것은 김성행의 힘이었다."는 평가를 받았다.

영조는 직접 김성행의 제문祭文을 지어 추도하였고 그를 영의정에 추증하였다.[74]

김창집의 아버지 김수항은 장희빈의 아들(후에 경종)을 왕세자로 정하는데 반대하여 남인에 의해 진도에 유배되었다가 사약을 받았다.

김창집과 그의 아들, 손자의 묘는 여주시 대신면 초현리 안동김

---

74 여주군사편찬위원회, 여주군사 제2권, 2005. 336쪽

김창집 묘

씨 종중 묘지 맨 위에서부터 차례로 자리하고 있다.

　치열한 당쟁의 와중에서 소신을 굽히지 않아 4대가 화를 당하였으나 훗날 명예가 회복되면서 조선조 유일하게 4대에 걸쳐 충신이 나오고 왕비 3인을 배출하는 명문 가문이 되었다.[75]

75　매일경제, 명문가 일구려면 그들처럼, 17세기 양반 가문 조명, 2005. 3.7

# 17

# 우리나라 최초 외국인 신부 주문모를
# 입국시킨 윤유일

여주시 금사면 점들(뜰) 마을(현 금사2리)에서 태어난 윤유일尹有一 (1760~1795)은 이웃 마을 양평군 한감개(현 강상면 대석리)로 이주하여 살았다.

그곳에서 권철신, 권일신 형제로부터 기독교의 교리를 배워 입교 후 1789년(정조 13년) 조선 교회의 밀서를 가지고 북경에 파견되어 구베아 주교에게 전달하였다. 그 밀서는 조선에서 권일신, 이승훈, 정약종 등이 가성직자단假聖職者團을 만들어 각기 주교, 신부로 성직 수행을 하고 있었는데 이런 활동의 정당성을 문의하는 것이었다.

당시 구베아 주교는 "윤 바오로(윤유일)의 방문은 생각하지 못하였던 일로 북경교회는 온통 환희에 젖었다. 아직 선교사도 찾아가지 않은 나라, 예수 그리스도의 이름도 가르쳐준 적이 없는 나라에서 온 놀라운 복음 전파 소식을 듣고 교회는 기쁨의 소리를 질렀다."고 기록하였다.[76]

이때 윤유일이 가져온 회답에 따라 조선 교회의 가성직자단 제도를 폐지하고 성직자 영입 운동을 펴나가게 되었다. 이에 따라 윤유일은 1790년, 1792년 두 차례 북경교회에 들어가 선교사의 파견을 요청하였다.

드디어 1794년 그와 지황의 안내를 받아 중국인 주문모 신부가 입국하여 서울 최인길의 집으로 잠입하였다.

그러나 그다음 해에 주문모 신부 입국에 도움을 준 인물로 윤유일은 지황, 최인길 등과 함께 포도청에 체포되었다. 체포 당일(6월 28일) 3명은 모진 매를 맞고 순교하였는데 시신들은 한강 물에 버려졌다고 한다. 이들 3명은 2014년 8월 16일 광화문 광장에서 거행된 시복식에서 복자품에 올랐다.[77]

---

76   가톨릭신문, "교구 순교자를 만나다" 복자 윤유일 바오로, 2017.6.11, 3면

77   한국민족문화대백과(http://encykorea.aks.ac.kr/), 윤유일

어농성지에 있는 윤유일의
동상

　윤유일의 많은 일가친척이 순교하였는데 친동생 윤유오, 사촌 누
이동생 윤점혜와 윤운혜, 삼촌 윤관수, 윤운혜의 남편 정광수와 그
의 누이동생 정순매 등이 그들이다.

　경기도 이천시 모가면(어농3리) 파평윤씨 선산을 기증받아 조성된
어농성지에는 윤유일을 비롯한 17명의 순교자 묘가 있다.

　이중 윤유일의 동생 윤유오의 묘를 제외하고 나머지 16위 묘는
시신이 없는 묘이다.[78]

---

78　두산백과 두피디아(http://www.doopedia.co.kr/), 어농성지

# 18

## 한국화의 대가로
## 월전미술관을 세운 장우성

한국화의 대가로 불리는 월전 장우성月田 張遇聖(1912~2005) 화백은 충청북도 충주에서 태어나 세 살 때 여주시 흥천면 외사리로 옮겨 온 후 1959년 가족들이 모두 서울로 이사할 때까지 45년간 이곳에서 살았다.

흥천면 외사리에 살던 이규현에게 한학漢學을 배웠고 18세 때부터 이당 김은호以堂 金殷鎬의 제자로 동양화 실기를 익혔다.

그림 공부를 한 지 2년만인 1932년 조선 미술전람회에 입선하여 등단하고 1944년에는 조선 미술전람회 추천 작가가 됨으로써 화가로서 최고의 영예를 얻었다.

해방 후 1946년부터 서울대학교와 홍익대학교 미술대학 교수로 지내면서 많은 제자를 양성하였다. 미술원 회원으로 선출되었고 2001년 정부로부터 금관 문화훈장을 받았다.

1989년 월전 미술문화재단을 설립하였고 1991년에는 월전미술관을 개관하였다.

장우성 화백은 시서화詩書畫를 모두 갖추어 전통 문인화의 높고 깊은 세계를 그려낸 현대 화단의 마지막 화가로 평가받고 있다.

그의 주요 작품으로는 "충무공 이순신 장군 영정(1953)", 세종대왕기념관에 "집현전 학사도(1974)", 국회의사당 벽화 "백두산 천지도(1975)" 등이 있다.[79]

서울 종로구 팔판동에 있던 월전미술관은 월전의 출생지인 충주나 생활 근거지이었던 여주가 아닌 이천시 관고동 설봉공원 내로 2007년 이전, 개관하였다.

장우성 화백이 살았던 흥천면 외사리는 당시 여주 읍내까지 50리거리이었지만 이천 읍내까지는 15리에 불과하고 자녀가 모두 이천

---

79  한국민족문화대백과(http://encykorea.aks.ac.kr/), 장우성

장우성

에서 학교를 다닐 정도로 생활권이 이천이었다.

　이런 연고에 이천시 지역 인사들의 월전미술관을 유치하려는 적극적인 노력으로 월전 미술문화재단은 미술관 소장 작품과 유물 1,532점을 이천시에 기증, "이천 시립월전미술관"으로 재탄생하였다.[80]

---

80　연합뉴스, 〈월전미술관이 이천으로 가는 까닭은〉 2004. 10.21

# 19

## 헌종 앞에서 소리를 한
## 판소리 명창 염계달

판소리는 한 명의 소리꾼과 한 명의 고수(북 치는 사람)가 음악적 이야기를 엮어가며 공연하는 장르이다.

조선 순조 대부터 철종 대까지 활동한 판소리 명창 염계달廉季達은 여주 출신이다.

그의 태어나고 죽은 연도는 아직 밝혀지지 않고 있다.

염계달은 충청북도 음성의 벽절(가섭사)에서 10년간 소리 공부를 하였는데 밤에 잠이 오면 상투에 끈을 달아서 천장에 매고 독실하게 공부하였다고 한다.

그의 명성이 알려지자 헌종의 부르심을 받고 어전에서 여러 차례 소리를 하였고 왕의 총애를 입어 동지중추부사同知中樞府事(종2품 명예직)의 관직을 제수받았다.

순조 시대인 19세기 전반에 활동한 판소리 명창 가운데 특히 유명한 8명을 "판소리 팔명창"이라 일렀는데 여기에는 염계달을 비롯하여 송흥록, 모흥갑, 고수관, 권삼득, 신만엽, 김계철은 반드시 거론하고 나머지 한 명은 황해천, 박유전, 주덕기 중에서 하나를 꼽는 것이었다.[81]

염계달은 김성옥과 함께 동편제와 서편제의 중간인 중고제中高制의 시조로 삼는데 중고제는 경기도 남부와 충청도 지방에서 성행하였으나 근대화 이후로 계승되지 못하였다.

그는 "장끼타령"과 "흥보가"에 능하였는데 판소리에 경기민요의 창법을 도입하여 "추천鞦韆목"이라는 새로운 소리제를 만들었다.
추천목이란 춘향이가 그네 탈 때 하늘거리듯 거뜬거뜬하면서도 가벼운 발성으로 노래하는 창법을 말한다.[82]

81  여주군사편찬위원회, 여주군사 제4권, 2005, 255~257쪽
82  국립민속국악원, 명창을 알면 판소리가 보인다. 2000년. 86쪽

염계달이 세상 밖으로 나올 수 있도록 도와준 재미있는 일화가
있어 소개한다.

절에서 헤진 옷 한 벌로 생활하던 염계달은 세상 밖으로 나가고
자 하였으나 입고 나설 옷이 없었다. 어느 날 법당에 거물급 손님이
왔다는 이야기를 듣고 혹시 옷이라도 한 벌 얻어 입을까 하여 그곳
을 기웃거렸다.
그러나 키다리 스님에게 "거지꼴로 어디를 기웃거리냐."며 썩 꺼
지라는 호통을 받았다. 모멸감과 비애감에 젖어 자기 방으로 돌아
온 염계달은 눈물을 흘리면서 "흥부가" 중에서 가난타령을 불렀다.

판소리 공연

그 처절하고 슬픈 소리가 절 구석구석까지 울려 퍼져 불공을 마친 부인의 귀에까지 들리게 되었다. 그 부인은 충주 부사의 수청 기생 "보영"이었는데 염계달의 딱한 사정을 듣고 옷과 돈 20냥을 내놓으며 며칠 후 충주 감영에서 소리를 할 수 있도록 주선까지 해주었다.

거기서 염계달은 "장끼전"을 불렀고 이후 세상에 널리 명성을 얻게 되었다.[83]

판소리는 1964년 국가 중요무형문화재 제5호로 지정되었으며 2003년에는 유네스코 인류 무형문화유산으로 등재되었다.

---

83   여주군사편찬위원회, 여주군사 제2권, 2005, 264쪽

# 20

# 할아버지, 아버지에 이어
# 3대가 장원급제한 민진장

조선 숙종 때 인현왕후의 4촌으로 병조판서, 우의정 등을 지낸 민
진장閔鎭長(1649~1700)은 여주 출신으로 그의 묘는 여주시 점동면 부
구리에 있으며 경기도 기념물 제199호로 지정되어 있다.

민진장은 1686년(숙종 12년) 38세로 과거시험科擧試驗 별시에 장원
급제壯元及第하였는데 그 아버지 민정중閔鼎重은 1649년(효종 1년) 식
년시에, 할아버지 민광훈閔光勳은 1628(인조 6년) 알성시에 각각 장원
급제하였다.

이와같이 3대가 계속 장원급제하여 영광을 누렸는바, 세상에서

민진장 묘

는 삼세문장三世文班이라 일컬었다.

조선 시대 삼세문장을 배출한 가문은 두 집안이 있었는데 다른 한 가문은 경주김씨 가문으로 김경원金慶元이 1553년(명종 8년) 별시에 장원급제하였으며 그 아버지 김만균金萬鈞은 1528년(중종 23년) 별시에, 할아버지 김천령金千齡은 1495년(연산군 1년) 식년시에 각각 장원급제하였다.84

---

84   정구선, 조선의 출셋길, 장원급제. 팬덤북스, 2010. 124쪽

과거시험(대과〈大科〉)은 3년에 한 번씩 실시하는 식년시式年試와 비정기적으로 시행하는 시험이 있었다.

비정기적인 시험으로는 국왕 즉위, 왕비와 왕세자 책봉, 왕세자 탄생 등 나라에 경사가 있을 때 실시한 증광시增廣試 또는 별시別試와 임금이 성균관 문묘에 참배한 후 실시한 알성시謁聖試 등이 있었다.

과거시험 급제자는 시험 성적에 따라 관직 출발부터 다른 직급을 부여받았다.

과거시험 최종합격자 33명을 최우수자 3명을 갑과甲科, 그 다음 우수자 7명을 을과乙科, 나머지 23명을 병과丙科 등으로 구분하였다.

이들에게 첫 발령을 낼 때 병과 급제자는 정9품, 을과 급제자는 정8품, 갑과 2등, 3등에게는 정7품, 갑과 1등(장원) 급제자에게는 종6품 등에 해당하는 관직을 내렸다.[85]

1689년(숙종 15년) 인현왕후가 폐, 서인 될 때 민정중도 평안도 벽동으로 귀양을 가게 되자 민진장은 그곳까지 따라가 아버지 시중을 들었다. 또한 평생토록 병을 앓은 어머니에 대한 효성도 지극하였는데 영조 때 문인 박양한朴亮漢은 그가 지은 매옹한록梅翁閑錄에서 민진장을 충효대절忠孝大節로 표현하였다.[86]

---

85  정구선, 상게서, 56쪽

86  여주문화원, 여주와 함께한 사람들, 2007. 199쪽

# 21

## 법 위반을 처벌하면서도
## 정리와 의리를 지킨 민진후

5/5/0/년 여/주/이/야/기

조선 숙종 때 인현왕후의 큰 오빠이고 고종비 명성황후의 5대 조부인 민진후閔鎭厚(1657~1720)는 여주 출신으로 그 묘는 여주시 가남읍 안금리에 있으며 여주 향토유적 제6호로 지정되어 있다.

그는 인현왕후가 폐, 서인 되는 기사환국己巳換局이 일어나자 아버지를 비롯한 일가친척들과 함께 관직을 삭탈 당하고 귀양살이를 하였다. 인현왕후가 복위되자 다시 기용되어 충청도 관찰사, 한성부 판윤, 예조 판서 등을 지냈다.[87]

---

87  여주문화원, 여주와 함께한 사람들, 2007. 203쪽

민진후 묘

민진후와 관련된 재미있는 일화가 있어 소개한다.[88]

민진후가 어렵게 사는 누이동생 집에 들른 적이 있었다.

누이동생은 오빠가 평소에 술을 즐겨 드는 것을 알고 술상을 차려 냈는데 안주는 김치 한 가지뿐이었다. 실은 며칠 전에 시아버지인 참봉 홍우조洪禹肇의 생신이어서 법으로 금하고 있는 송아지 한 마리를 몰래 잡아 쇠고기가 조금 남아있었다. 하지만 준법정신이 엄한 오빠 앞에 감히 쇠고기 안주를 내놓지 못하였던 것이었다.

---

88  윤종현 편저, 마음을 깨우는 대화, 도서출판 어드북스, 2011. 217쪽

술상을 받은 민진후가 "술맛은 좋은데 안주가 별로로구나."라고 하자 누이동생은 사실을 털어놓고는 오빠를 위해 쇠고기를 구워 안주로 올렸다.

민진후는 그 고기를 다 먹고 집을 나오며 수행했던 아전들에게 "이 집은 법을 어겼으니 이 집 종을 잡아 가두라."고 명하였다.

그 후 법대로 처분하였는데 벌금은 자기의 월급에서 대납한 후에 가두었던 종을 풀어 주었다.

이에 누이동생의 시아버지가 민진후를 찾아가 "공이 법을 엄하게 지키는 것은 가상한 일이나 먹지 말고 다스릴 일이지 먹고 나서 다스린 이유가 무엇입니까?"라고 따졌다.

민진후 글씨

개석 위 장식이 특이한
민진후 신도비

　그러자 민진후는 "여동생이 오빠를 위하는 정情으로 고기를 권하
는데 어찌 먹지 않을 수 있으며 법을 위반한 것을 알고도 어찌 사사
로운 정에 끌릴 수 있겠습니까?"라고 답하였다.

　누이동생의 따뜻한 정도 받고 법 규정 위반도 처벌하며 이에 따
른 불이익은 자기의 월급으로 대납하여 의리도 지킨 것이었다.
　세상살이가 잘 유지되려면 정리情理, 법리法理, 의리義理 등을 슬기
롭게 조화시켜야 된다는 것을 보여준 사례라 하겠다.

# 22

## 살인 강도범이 역모 죄인으로
## 조작되어 처형된 강변칠우

조선 광해군 초기에 명문가의 서자庶子(첩의 자식) 7인이 여주 남한
강 변(현 세종대왕면 양화천과 합류하는 인근)에서 공동생활을 하며 살았
다.[89]

이 7인은 박응서朴應犀(전 영의정 박순의 서자), 서양갑徐羊甲(전 의주목사
서익의 서자), 심우영沈友英(전 경기관찰사 심전의 서자), 이경준李耕俊(전 북평
사 이제신의 서자), 박치인朴致仁(상상군 박충간의 서자), 박치의朴致毅(박치인

---

[89] 조선왕조실록, 광해군일기(정초본), 광해 5년 4월 27일

의 동생), 김평손金平孫 등이었다.[90]

이들은 일찍이 1608년(광해군 즉위년)에 서자도 과거에 응시하여 관리에 등용될 수 있도록 해달라고 상소하였으나 받아들여지지 않았다. 그 후 자기들을 "강변칠우江邊七友", 또는 "죽림칠현竹林七賢"이라 일컬으며 벼슬길이 막힘에서 오는 절망감과 울분을 시詩와 술로서 달래며 지냈다.

이들은 농사가 잘 안되자 장사, 도둑질 등을 하며 살았는데 1613년(광해군 5년) 3월에 문경 새재(조령)에서 박응서, 서양갑, 허홍인 등이 은銀 상인을 죽이고 은 600~700냥을 강탈한 죄로 붙잡혔다.[91]
포도청에서 그들을 심문하는 중에 박응서가 이이첨(부제학), 한희길(포도대장) 등의 살려주겠다는 꾐에 빠져 영창대군永昌大君을 왕으로 세우기 위한 거사 자금을 조달하고자 은을 강탈했다고 허위자백하였다.

이 자백으로 살인 강도범이 역모 죄인으로 바뀌어 김제남金悌男(영창대군의 외조부)이 사약을 받고 영창대군은 강화도로 유배된 후 살해되는 계축옥사癸丑獄事를 일으키게 되었다.

---

90    성흥환, 여강은 알고 있다, 문예촌, 2013. 26쪽
91    조선왕조실록, 광해군일기(정초본), 광해 5년 4월 25일, 4월 28일

강변칠우들은 거짓으로 자백한 박응서와 도망간 박치의를 제외하고 나머지 5인이 처형되었다.

그러나 1923년(광해군 15년) 3월에 인조반정이 일어나자 박응서와 그를 회유하여 옥사를 일으킨 이이첨, 한희길 등도 처형되었다.

계축옥사를 일으키는 과정에 여주 읍호品號가 "복牧"에서 도호부나 현으로 강등될 뻔하였다.

의금부에서 역적 서양갑이 당시 여주에 거주하였으므로 읍호를 강등시켜야 한다고 아뢰었으나 기자헌(영의정), 심희수(좌의정) 등이 여주는 선대 왕후(태종비 원경왕후)의 고향이고 영릉이 있는 지역이니 읍호 강등은 타당하지 않다고 주장하여 강등을 면하였다.[92]

92  상게서, 광해 5년, 5월 12일

# 23

# 5.16 군사 정변 이후
# 정치범으로 사형당한 임화수

5.16 군사 정변 후 혁명 군사재판에서 사형선고를 받고 37세의 나이로 사형이 집행된 임화수林和秀는 1924년 여주시 강천면 가야리에서 태어났다.

본명은 권중각權重표이었으나 어머니가 재혼하면서 새 아버지의 성을 따라 임화수로 개명하였다. 초등학교를 중퇴하고 1941년 소매치기로 2년을 복역하였고 1944년에는 장물취득 혐의로 2년을 복역 중 8.15 광복으로 출옥하였다.

광복 후 적산가옥인 서울의 평화극장을 인수받아 영화사를 차려 우리나라 최초 외국(홍콩) 합작영화 "이국 정원" 등을 만들었으며 영화 15편도 제작하였다.

여주 옆 도시인 이천 출신 이정재와 인연으로 정치 깡패인 이정재의 동대문파에서 2인자로 군림하였으며 곽영주 경무대 경찰서장(현 대통령 경호실장)과의 친분으로 영화계, 연예계를 장악하였다.[93]

그는 1959년 "반공예술인단"을 결성한 후 이승만 대통령 4선과 이기붕 부통령 당선을 위해 이 단체를 통하여 연예인들을 선거운동에 나서게 하였다.

이런 과정에서 이 단체 행사에 불참하였다고 당시 최고의 희극 배우인 김희갑 씨를 폭행하여 갈비뼈가 세 군데가 부러지는 중상을 입히는 사건(합죽이 구타 사건)을 일으켰다.

이 사건으로 언론에 화제가 되어 세간에 그의 이름이 알려졌다.[94]

임화수와 신정식 등이 이끄는 조직폭력배들은 1960년 4월 18일 덕수궁 옆 국회의사당 앞에서 3.15 부정선거를 규탄하는 시위를 하고 돌아가던 고려대학교 학생들을 청계천 4가 천일백화점 앞에서 몽둥이, 벽돌 등으로 집단 구타하여 50여 명에게 중경상을 입혔다.

---

93   나무위키(http://namu.wiki/w/), 임화수
94   매일신문, (역사 속의 인물) '합죽이 구타 사건 일으킨 임화수', 2013. 11.27

이 "고대생 습격 사건"은 다음날(4월 19일) 신문에 대서특필 되고 4.19 혁명의 도화선이 되었다.

이 사건은 다음 해 5.16 군사 정변 후 1961년 12월 21일 임화수가 곽영주(전 경무대 경찰서장, 경무대 앞 발포사건), 최인규(전 내무부 장관, 3.15 부정선거) 등과 함께 사형당하게 되는데 결정적 원인이 되었다.[95]

정치 깡패로 동대문파 1인자이었던 이정재는 범죄단체 수괴로 인정되어 임화수보다 약 두 달 전인 1961년 10월 19일 44세로 사형당하였다.

---

95   나무위키(http://namu.wiki/w/), 고려대학교 4.18 학생 시위

# 4대강 살리기 사업
# 관련 자료

550년 여주
두 번째 이야기

# 여주 발전 위해 남한강 개발해야

**김춘석** 여주군수 당선자

　　지난 6월 2일 지방선거 이후 4대강사업과 세종시 수정안이 주요 정책 이슈로 대두되었다. 경기도 여주군수 당선자로서 4대강 사업을 적극 찬성하는 입장을 피력하고자 한다.

　　4대강 사업 중 남한강 개발사업의 중심지인 여주군은 서기 475년 문헌 기록에 골내근현으로 소개된 이래 1535년간 조용한 마을이었다. 특히 서울시민들의 상수원인 팔당댐 상류에 위치해 상수원 보호구역, 자연보전권역 등 각종 규제로 개발의 손길이 미치지 못하였다. 그러나 요즈음 남한강 개발사업이 추진되면서 여주는 변화의 물결, 개발의 바람이 세차게 몰아치고 있다.

　　남한강 여주지역 39km에 2년간 1조 900억원을 들여 여주보·강천보·이포보 등 3개의 보洑를 설치하고 강변에 서울 고수부지와 같이 생태공원·인공습지·자전거도로 등이 조성된다.

한편 남한강 개발 이외에 성남~여주 간 복선전철 공사가 한창 진행 중이다. 이 같은 사업들이 완공되면 여주는 서울을 비롯한 광주·이천·용인 등 인근 도시 주민들이 주말에 전철을 타고 와서 즐기다 돌아갈 수 있게 된다.

남한강 개발사업 인근에 관광 레저단지, 연구단지 등을 만들면 일자리가 많이 창출되고 여주 군민들이 생산한 쌀·고구마 등 여주 특산 농산물의 판매도 대폭 늘릴 수 있다.

물론 남한강 개발에 문제도 있으나 보완책을 강구하면 충분히 해결할 수 있다고 본다. 남한강 개발을 반대하는 사람들은 남한강 여주지역에 3개보를 설치하는 것은 댐을 축조하는 것으로 수질 악화와 생태계 변화, 희귀동식물 위협(단양쑥부쟁이·얼룩새코미꾸리 등) 등의 문제를 제기하고 있다.

여주지역에 설치되는 3개보는 평상시 수심 3m를 유지하는 개·폐식 수문으로 홍수 시에는 강바닥까지 수문을 열어 퇴적에 의한 수질오염을 막을 수 있다. 또 남한강 개발은 퇴적된 모래와 자갈을 준설해 30~40년 전 상태로 되돌리는 것으로 큰 생태계 변화를 초래하지 않고 희귀동식물은 대체 서식지를 마련하면 된다.

이번 선거에서 여주 군수 야당 후보자들도 남한강 개발에 찬성하고 환경 부문에 배려를 당부한 정도였다. 여주 한강 변에는 다른 지역 환경운동가들이 몰려와서 4대강 사업 반대 운동을 펼치고 있다. 여주 군민 중에는 환경운동에 참여한 일부만 반대할 뿐이다. 대다수 여주 군민은 남한강 개발이 여주가 마을이 형성된 이래 1500여년 만에 한 번 찾아 온 발전의 기회로 확신한다. 이 기회를 놓칠 수 없고 놓쳐서도 안된다.

서울, 분당 주민들이 남한강 변에서 케이블카나 보트를 타고, 전철을 타고 와서 자전거로 강변을 따라 돌아가는 날을 그려본다.

## ○ 4대강 사업 관련 사진

강천보

여주보

강천보 인근 자전거길

여주시청 뒤 남한강 준설 작업(원경)

남한강 살리기 찬성 궐기대회

국회 앞 한강 살리기 사업 찬성 (사) 여주군 새마을회 집회

남한강 이포보 개방행사 공연

남한강 이포보 개방행사에 참석한 이명박 대통령

# 여주시 승격 관련 신문 기사

5/5/0/년 여/주/이/야/기

# 市승격, 단합된 의지가 원동력

**이범관** 변호사(前 국회의원)

　　승리는 끝없이 도전하는 자에게 주어지는 것이다.

　　요즘 휴일을 맞아 남한강을 찾으면 아름다운 이포보를 보러오는 관광객, 강변의 자전거 길을 따라 여주를 찾는 사람들로 북적이고 막국수의 원조 천서리가 북새통을 이루며 수상레저를 즐기는 사람들이 환호성을 연발한다. 여주가 천년 만에 달라진 모습을 실감케 하는 장면이다.

　　이들이 여주를 찾는 기회에 여주의 명산물인 쌀, 고구마, 땅콩, 도자기를 사갈 수 있는 장터를 마련하고 여주의 명소인 세종대왕릉, 명성황후 생가, 신륵사, 파사산성을 둘러보는 코스를 개발하면 이제 여주는 전국 제일의 문화관광 명소로 자리잡게 되고 천년의 침묵 끝에 복 받는 우리의 고장 여주가 될 것이다.

여기에 최근 남한강 정비사업 완공, 성남~여주간 복선전철 건설, 제2영동고속도로 착공, 평창 동계올림픽 개최 확정, 아시아 최대 여주 프리미엄 아울렛 확장 MOU 체결 등 여러 가지 직·간접적인 개발 호재가 맞물려 있어, 여주가 '기회의 땅'으로 급부상하고 있다는 게 중론衆論이다.

이러한 때에 지금 여주의 시 승격 운동은 여주발전의 완결편이고 우리 군민의 오랜 염원을 이루는 시의적절한 운동이다. 우리 여주는 이제 시민으로서의 긍지를 가지고 모처럼 변화의 기회를 맞이한 여주의 자긍심을 높여야 할 때이다. 최근의 군민여론조사 결과도 다수의 군민이 시승격에 찬성하고 있어 우리 군민이 이를 염원하고 있음을 알 수 있다.

여주가 시로 승격되면 중앙정부와 경기도로부터 재정지원이 확대되고 주민들의 복지혜택이 더 많아지게 되며 더 나아가 교통과 편의 시설이 확충되면 여주는 더욱더 획기적 발전의 기회를 맞이하는 것이다. 시승격을 놓고 일부에서는 농어촌 특례입학 제한, 세부담 증가 등의 문제를 우려하여 반대의 목소리도 나오고 있다고 한다.

또 시 승격 준비가 안 되어 시기상조라는 의견도 있다고 하나, 여주는 이미 5년 전에 주민 의견 수렴 과정과 여주 군의회의 의결을 거쳐 북내 오학지구를 여주 읍에 편입시켜 시 승격 준비를 해온 것은 모두 다 아는 사실이다. 그리고 특례입학, 세 부담 등 기존에 누리던 혜택이 없어져 불만이 있음은 안타까운 일이다. 그러나 조금

만 더 생각을 깊게 해보면 눈앞에 있는 작은 이득에 집착하기보다는 먼 안목에서 순간을 이기고 당당히 다가섰을 때 우리 앞에 큰 선물이 기다리고 있다는 것을 다같이 인식해야 할 것이다.

지난해 공군사격장 확장저지 현장에서 여주 군민의 저력과 의지를 실감나게 확인했다. 우리 군민은 현명한 시민으로서의 자격이 충분하다. 여주사람들은 스스로 운명을 바꾸며 여주의 역사를 주민이 원하는 방향으로 이끌 수 있는 주인공이다. 여주주민들이 찬란한 천년의 역사를 든든한 기반으로 하여 남한강의 새 물결과 더불어 문화와 관광이 꽃피고 역사와 전통이 빛나는 새로운 고장으로 여주를 바꾸어 놓기를 기대해 본다.

이제 여주시민으로서 자부심을 갖고 당당히 서기위해, 여주의 변화와 발전을 위해 우리군민이 한데 뭉쳐 화합할 때이다.

# 여주군 '도·농 복합도시'로 발전 위해
# 오늘도 달린다

**백연택** 여주 시승격특별추진위원회 위원장

"시 승격 꼭 돼야 합니다. 인근 지역은 혁신 도시, 창의도시 등을 외치며 한 걸음 앞서 나가는데 우리 여주군은 마냥 군으로 머물러 있을 수 없습니다. 경기도 동남쪽 끝자락의 강원 도계지역 여주군에 1천537년 만에 찾아온 시 승격 절호의 기회를 놓치지 말고, 내년 초 시 승격의 목표를 달성해 조선 제1의 물류 중심지였던 여주목牧의 영광을 반드시 되찾아야 합니다."

도·농 복합도시 목표를 이루기 위해 고군분투하는 백연택(68) 여주시 승격 특별추진위원회 위원장의 목소리는 단호했다.

백 위원장은 여주군의 깊이를 누구보다 잘 알고 있는 공직자 출신이다.

일생을 여주군에 헌신해 온 것처럼 여주를 사랑하는 마음이 누구보다 각별한 백 위원장은 여주군 점동면 장안2리가 고향으로, 1970년 2월에 공무원 생활을 시작한 후 32년간의 공직생활을 마감하고 2002년 2월 지방부이사관으로 명예퇴직했다.

그는 현직 당시 공직생활 21년 만인 1991년 사무관으로 승진한 후 지역경제과장과 의회 사무과장, 사회과장, 회계과장, 강천면장 등 사무관 요직을 두루 섭렵했다.

이후 기획감사실장으로 재임하던 1999년 10월 지방서기관으로 승진하는 등 승승장구했다.

백 위원장은 공직생활 동안 청렴하고 깔끔한 공직자의 모습으로 모범공무원 표창을 비롯해 1980년 경기도지사로부터 자랑스런 공무원 표창, 1986년에는 내무부장관 자랑스런 공무원 표창, 1988년 우수공무원 국무총리 표창 등 다수의 상을 수상했으며 2002년 3월 공직을 떠나면서 국가사회발전 기여에 대한 공로로 대한민국 홍조근정훈장을 받기도 했다.

퇴임 후 활발한 사회활동을 하고 있는 백 위원장은 지난달 여주군으로부터 시 승격 특별추진위원장 제의에 이를 흔쾌히 수락하고 시 승격 실천을 위해 추진위원 및 각 사회단체들과 시 승격 홍보 가두캠페인을 벌이는 등 온 몸을 던져 움직이고 있다.

백 위원장은 "여주는 4대강 살리기 사업, 성남~여주간 복선전철 건설, 제2영동고속도로 착공, 평창동계올림픽 개최 등 직·간접적인 호재로 전국이 주목하는 지역으로 발돋움했다"고 강조하고 "시 승격에 필요한 법적 요건과 역량을 갖추고 있는 만큼, 시 승격을 통해 이 같은 변화의 바람을 실현할 값진 밑거름으로 삼아야 한다"며 시 승격 실천에 강한 의지를 내비쳤다.

백 위원장은 또 "여주 청년회의소와 여주군 노인회, 이범관 전 국회의원, 도·군의원, 바르게살기 여주군협의회, 여성단체협의회 등 각 사회단체에서 시 승격 추진 활동에 적극 동참해줘 감사할 따름"이라며 "이 같은 시 승격 찬성에 대한 호전적 분위기가 오는 25일부터 30일까지 실시되는 2차 여론조사에도 그대로 반영됐으면 하는 바람"이라고 말했다.

# 내 사랑 여주시(市)

**이인순** 여주군생활개선회 회장 겸 여성단체 회장

사랑도 희망을 먹고 산다고 했다. 청춘의 사랑이 노인의 사랑보다 더 뜨겁게 생각되는 것도 젊은이들의 사랑이 아무래도 그 기대와 희망이 좀 더 크지 않겠냐는 뜻일 것이다.

벌써 40년 전, 나는 꽃다운 나이에 양평에서 여주로 시집을 왔다. 당연히 남편을 사랑했고 남편의 고향인 여주까지도 제2의 고향으로 무척이나 사랑했다. 하지만 여주는 강산이 네 번이나 바뀔 만큼 많은 세월이 흐르는 동안 긴 잠을 자고 있었고, 여주를 사랑하는 내 마음은 희망의 끝을 잡은 채 안타까워했었다. 하지만 요 몇 해 전부터 여주는 힘찬 용트림을 시작하며 변화의 큰 물줄기를 돌려놓고 있다.

바로 희망이다.

잠에서 깨어난 여주는 1500년 만에 찾아온 절호의 발전 기회를 맞고 있다. 조선 시대부터 전국 21개 목牧 중의 하나로 경기 동남부 권의 중심도시였던 여주가 '남한강' 때문에 여러 규제에 묶여 수도 권의 오지로 전락했다가, 4대강 사업 등 '남한강'으로 인해 다시 그 옛날 목牧의 영광을 되찾을 호기를 만난 것이다.

지난 7월 2일에는 광주, 이천, 여주, 원주 등 4개 단체장이 성남여주원주 복선전철 공사가 조속히 추진될 수 있도록 정부에 건의 문을 전달했다고 한다. 이제 수려한 남한강의 관광자원과 역사유적 그리고 사통팔달의 도로망이 갖추어지면 농업, 공업, 상업 그리고 관광산업 등 도시지역과 농촌 지역이 상호 공존하면서 균형적으로 고루 발전하는 도·농 복합 시로 거듭날 수 있는 기반을 갖추어 가고 있는 것이다.

여주가 이러한 변화와 희망의 꿈을 키우고 있는 가운데, 아직도 일부 사람들이 여주시 승격을 좀더 시간을 갖고 추진하자고 하는 목소리가 들린다. 그동안 공청회나 여러 모임 등을 통해 서로 의견 을 소통하면서 필자가 30여 년간 몸담았던 농업인단체의 농사꾼들 이 흔히 하는 말로 '막걸리 한 잔 값'에 불과한 각종 세금 인상분(면 지역은 해당 없음)은, 여주시로 새 옷을 갈아입는 자존심의 대가로 충 분히 지불할 수 있다고 웃으며 말한다.

다만, 동 지역의 재산세 공장용 토지분(190명/31개소 해당), 여주 읍 내 주거·상업·공업지역의 재산세 증액으로 주거 지역 내 공장건축 물 1곳, 도시계획지역 내 농지(98명/111필지), 같은 지역의 양도소득 세(98명/111필지) 인상 등은 소수에 해당되는 사람이며, 일정 부분 세금부담이 늘어나지만 여주시 승격을 위해 감수해야 할 부분이 아닌가 하는 사람들이 많이 있다.

그런데 정말 좋은 기회로 찾아온 여주시 승격을 아직도 교육계를 중심으로 농어촌 특례입학 혜택의 상실을 우려하는 목소리가 높다. 일명, 스카이(서울대, 고려대, 연세대)를 비롯해 서울지역 대학에 입학할 수 있는 가능성이 줄어들기 때문이라고들 한다.

맞는 말이다. 하지만 교육계에서 외치는, 교육 백년지대계百年之大計 운운하며 농어촌 특례입학 혜택의 상실로 여주지역의 학생들이 서울에 발붙일 수 없는 것처럼 말하는 것은 진정 옳지 않다고 본다. 무한경쟁에 살아남기 위해서는 '쉽게 가기'보다 '제대로 가야' 하며, 이제 시대의 흐름은 간판이 아닌 실력의 시대로 가고 있으며, 바로 교육계가 앞장서서 이를 실천하고 주지시켜야 할 입장 아닌가?

언제까지나 정원의 4%인 '농특'에 매달려 큰 뜻을 저버리려 하는지 안타까울 따름이다. 하루빨리 모두가 머리를 맞대고 교육경쟁력 확보와 명품학교 육성을 위해 노력해야 하며, 이와 병행하여 인성 교육에도 많은 관심을 기울여야 할 것이라고 힘주어 말하고 싶다.

이웃 원주·이천만 해도 시장통에 젊은이들이 버글버글한데 여주에는 눈을 씻고 봐도 보기 힘들며, 그저 몸빼바지 사러 온 아줌마 할머니들로 가득한 게 현실이다. 농특으로 서울지역 대학에 몇 명 더 입학한들 여주에 무슨 큰 발전이 있을 것이며, 여주가 낙후된 채 이대로 머문다면 아예 학생 자체가 거의 사라질지도 모른다는 생각은 왜들 안 하시는지…

크게 생각하고, 넓게 볼 일이다.

이러한 큰 생각을 하는 여주사람들이 점점 더 많아질 때 여주는 희망으로 가득 차고, 희망이 있는 여주는 모두가 사랑하는 시市가 될 것이라 생각해 본다.

이제 발전하는 여주는 더욱 젊어지고, 다 함께 여주시를 노래하며 뜨겁게 사랑할 수 있으리라, 내 사랑 여주시를….

# 여주여 일어나라

**노성형** 교수, 전 육군대학 육군종합군수학교

　　　　　수도 서울의 젖줄 남한강이 굽이쳐 도심을 유유히 흘러가는 곳, 나즈막한 언덕, 끝없는 푸른 숲, 넉넉한 들녘의 오곡백과五穀百果들, 여유롭고 푸근한 인심, 나는 여주를 진심으로 사랑합니다.

　여주 군민이 된 지 9개월, 주거를 한 지 6개월째 접어든 연양리에 살고 있는 노성형입니다. 저는 41여년의 군 생활을 통해 전국 방방곡곡 돌아다니다가 여주로 정착하게 되었습니다. 아무런 연고도 없이, 누가 와서 살라고 부탁한 사람도 없이 제 스스로 찾아왔습니다.

　제가 살고 있는 전원주택지에 여섯 가구가 집을 짓고 이사를 오고 있습니다. 전라도 여수에서, 대전에서, 서울에서, 경기도 분당과 수지에서, 가까운 이천에서, 그야말로 전국적으로 모여들고 있습니다. 그분들 역시 아무 연고도 없이 스스로 찾아오고 있습니다.

여주 군민 여러분! 여주가 획기적으로 발돋움 할 수 있는 기회가 찾아왔습니다. 이 기회를 놓치면 다시 찾아오지 않을 것입니다. 군민 여러분들은 잘 아실 것입니다. 그간 수많이 찾아온 기회를 놓치고 나서, 오늘의 여주가 얼마나 낙후 되었는가를….

　저는 군에서 손자병법을 위시한 전략 분야를 깊이 있게 연구하고 그 분야에서 강의를 하였습니다. 나름대로 먼 장래를 예측하고 대응 방향을 제시하는 능력은 남다르다고 생각합니다.

　동서고금을 막론하고 국가와 국가 간의 전쟁은 끊임없이 이어져 왔고 지금 이 시간에도 세계 도처에서 전쟁이 끊이지 않고 있습니다.

　이러한 전쟁에서 패하게 되면 패한 나라는 이 지구상에서 없어지면서, 패한 나라의 국민은 승리한 나라의 노예가 되든지 처형을 면치 못하게 됩니다. 국가 간의 전쟁에서도 반드시 승리할 기회가 주어지는데 이를 살리지 못하면 패하지 않을 수 없다는 것입니다.

　여주 군민 여러분들은 대부분 여주에서 태어나서 여주에서 조상 대대로 살아오기 때문에 피부로 느끼지 못할지 모르겠으나, 저는 이제 갓 전입해온 신출내기로 어느 누구 보다도 중립적이고 순수하고 객관적인 입장에서 여주의 현상을 들여다볼 수 있습니다.

　제가 바라본 여주는, 총·칼만 들지 않았지 큰 전쟁을 치르고 있다고 생각됩니다. 주변의 큰 세력들(원주, 이천, 양평, 장호원 등)이 여주의 기氣를 누르고 놀랍게 성장하고 있습니다.

　이 상태로 지속된다면 얼마 지나지 않아 여주는 더 이상 주변 세력들과 어깨를 나란히 하지 못하고 주저앉고 말 것입니다.

전쟁에서 이를 패배한 국가라고 합니다. 저는 얼마 전 여주 월드시네마(극장)에서 영화 한 편을 보게 되었는데 정말 깜짝 놀랐습니다. 그 넓은 영화관에 달랑 저와 마누라만 보았습니다.

그날이 평일도 아니고 일요일인 데다가 마침 여주 5일 장날이었습니다. 하도 어이가 없어서 그다음에 이천과 원주 극장엘 갔습니다. 거기서 또 깜짝 놀랐습니다. 거기에는 젊은이들이 버글버글하는 것이었습니다.

여주의 젊은이들이 거기 가서 먹고 마시고 극장 보고 하는 것이었습니다.

대낮에 여주 읍내에 나가면 젊은이들이 많이 보이질 않습니다. 새벽에 서울로 이천으로 원주로 일자리를 찾아 나갔기 때문이 아닌가 생각됩니다. 왜 여주에서 대학 나와서 여주에서 직장 다니고 여주에서 세금 내고 여주에서 문화생활을 즐기지 못하고 다른 도시로 떠돌아 다녀야 합니까?

이외에도 여주 생활이 불편하고 구시대에 살고 있다는 생각을 많이 합니다만 그 대표적인 '예'로 삼성 핸드폰이 고장 났을 때 원주에 살고 있으면 서비스센터에 가면 5분 만에 고칠 수 있는 것도 여주에서는 2~3일이 소요되고 있습니다. 초스피드 세상에 어느 젊은이가 여기서 생활하려고 하겠습니까?

군민 여러분! 북한이나 중국, 우즈베키스탄 등등 젊은이들이 목숨을 걸고 불법 입국을 해서 우리나라에 정착하겠다는 것은, 더 좋은 직장에서 돈 많이 벌고 삶의 질을 향상시키려고 하는 것 아니겠습니까?

여주의 젊은이들이 이것과 무엇이 다르겠습니까? 저는 지난 5월 30일 여주 군민회관에서 시 승격을 위한 주민 대 토론회에 참석을 하고 또 한 번 놀랐습니다. 많은 참석자들이 아직까지도 사태의 심각성을 간과看過하고 조그마한 이익에 사로잡혀 여주를 영원히 남한강물에 잠기게 하려고 하는 것 같아 안타까웠습니다.

군민 여러분! 나라가 있어야 대학도 있고 삶의 질 향상도 있는 것 아닙니까. 여주도 마찬가지입니다. 여주군이 시로 승격되고 규모가 커지고 발전이 되어야 일자리도 생기고 젊은이들이 떠돌이 생활을 할 필요가 없지 않겠습니까?

지금은 시로 승격 되느냐, 아니면 군으로 남느냐의 선택이 아니라, 필수적으로 조속히 도달되어야 할 목표라고 생각하면서 그 시점은 빠를수록 좋다고 사료합니다. 한마디로 주변의 도시들은 날아다니고 있는데 여주는 지금 엉금엉금 기어 다니고 있다는 것입니다.

모두 다 일어나야 합니다. 전쟁을 치른다는 각오로 제2의 새 여주 건설을 위해 남녀노소, 지역에 구분 없이 한목소리를 내면서 벌떡 일어나 뛰지 않으면 안 됩니다.

여주군청이 깃발을 높이 들었습니다. 우리 모두 그 깃발을 보고 한 마음 한뜻으로 일어나야 합니다. 여주군청만 뛰어서는 반쪽에 지나지 않습니다.

지금은 '승전군이 되느냐, 패전군이 되느냐'의 기로에 서 있습니다. 왜냐 하면 지금 여주는 치열한 전쟁 중이며 이 전쟁에서 패하면 너와 나 할 것 없이 남한강물에 잠기기 때문입니다.

이것은 영릉에 누워 계시는 세종대왕님의 뜻이기도 할 것입니다.

다만 시로 승격을 함에 있어서 소홀히 하지 말아야 될 점은, 시로 승격되었을 때 주민들이 불안해하는 몇 가지 요소는 피해가 최소화될 수 있도록 보완책을 마련해야겠으며, 무분별한 개발로 현재의 아름다운 전원 풍광을 헤쳐서는 안 될 것입니다. 그렇게 되면 여주의 매력이 없어지면서 근본이 흔들리게 되겠습니다. 차라리 군으로 남아있는 것이 낳을 수도 있기 때문입니다.

중국 전국시대의 초나라 재상 오자吳子는 "나라 안이 단합되지 않고 불화가 있으면 전쟁을 해서는 안 되며, 군 내부에 불화가 있으면 군대를 나라 밖으로 동원하지 말아야 하며, 군 부대간 협조가 되지 않으면 진격할 수 없다"라고 주장하였습니다. 지금 우리에게 해당되는 명언이 아닌가 생각됩니다.

## 여주시 승격과 농어촌 특례 입학

**임영헌** 여주군 인재육성 장학재단 이사장

 농어촌 특별전형은 도시와 농어촌 지역의 교육 여건 격차가 현저함에서 출발하였다. 이농과 출산율 감소에 따른 농어촌 지역이 황폐화되는 것이 현실이자 팩트다. 따라서 사회 통합 차원에서 농어촌 지역에 거주하는 학생들 중 잠재능력이 있는 학생들에게 고등 교육의 기회를 제공하는 취지에서 특별법으로 입법돼 시행하고 있는 입시 제도다.

약술하면 농어촌 특별전형은 읍·면 지역에 소재하고 있는 고등학교의 학생을 대상으로 대학마다 입학정원의 4% 이내(모집 단위별 입학 정원의 10% 이내)에서 정원 외로 학생을 선발할 수 있다. 농어촌 특별전형 대상자끼리 경쟁하기 때문에 경쟁력의 측면에서 상당히 유리한 입시제도라고 할 수 있다.

그런데 이 전형을 악용하는 사례가 늘면서 교과부와 대학교육협의회가 현재 고등학교 2학년이 치르게 되는 2014학년도 입시부터 농어촌 전형 지원 자격을 강화하기로 하였다. 현재까지 지역 거주 기한을 3년에서 6년으로 확대하고 읍·면이지만 사실상 도시화된 지역은 대상에서 제외키로 골격이 잡혀가고 있다.

최근 여주군의 시 승격 추진에 따른 찬반 양론이 첨예하다. 그러나 불이익을 최소화하고 장점을 극대화하는 쪽으로 추진해야 한다. 왜냐하면 우리나라가 WTO 가입(1995), OECD 가입(1996), G20 가입(1999), 20-50 클럽 진입(2012), G7 진입(?)으로 발전하듯 여주군도 역사의 흐름에 종속변인이 아닌 독립변인으로 변신해야 한다.

역사적으로 보면 1895년 조선 시대 전국 21 목牧에서 군으로 강등된 지 117년 만의 위상 회복 기회이다.

여주군은 전국의 85개 군 중 인구 면에서 청원(15만명) 칠곡(12만명)에 이어 세 번째로 커서 11만명에 달한다.

일부 반대론자의 주장은 농어촌 특례입학의 불이익을 염려하고 있다. 그럴 수도 있다. 그러나 솔직히 홈 그라운드에서 패널티 킥으로 골을 넣는 것 같아 뒷맛이 개운치 않음도 인정해야 한다.

도시든 시골이든 당당하게 실력으로 입학하는 것이 정도다. 언제까지나 농어촌 특례타령만 할 것인가. 물론 교육의 하드웨어와 소프트웨어를 개발하여 수험생과 학부모를 만족 시킬 수 있도록 해야 할 몫은 지자체와 교육 행정가들이다.

해방 후 우리나라는 대학입시 제도가 대별하여 13번 정도 바뀌었다. 수험생의 잠재능력을 입학 사정관제 등 다양한 방법으로 선발하는 평가 시스템이 보편화되고 앞으로는 더 다양화될 전망이다.

미래국가의 건강성은 건전한 교육생태계에 좌우된다. 항용 그렇듯이 시 승격을 찬성하고 박수를 보내는 쪽에서는 '마음 속에서만 응원'을 보내기 십상이다. 거의 소리가 나지 않는다. 그러나 맞은편 반대쪽의 목소리와 액션은 눈에 확 띌 만큼 크다.

여주군은 지방자치법에 정해진 시 설치 기준인 인구, 도시 산업종사자 비율, 재정자립도 등 3대 조건을 모두 충족하고 있다. 인구 5만명 이상의 도시 형태를 갖춘 지역이 있어야 하는데 여주읍 인구가 5만4144명으로 이 기준을 넘는다. 군 전체 인구는 11만여 명이다. 도시 산업종사자 가구 비율이 전체의 71%로 하한선(45%)을 넘는다. 재정자립도는 37.9%로 전국 군 지역 평균(17%)의 배가 넘는다.

현대의 지방행정은 지자체의 속도 경영에다 방향까지 정확히 읽지 않으면 미래를 장담할 수 없다. 짚신 장사와 우산 장사인 두 아들을 두고 날씨 걱정하는 어머니와 같은 딜레마가 아니다.

유대인은 둘인데 의견은 '셋'이라는 말이 있을 정도로 이스라엘에선 열띤 토론이 혐오의 대상이 아니다. 행여나 임진왜란을 앞둔 동인과 서인의 분열, 병자호란 전후의 척화파와 주화파의 분열, 개화기 때의 개화파와 위정척사파衛正斥邪派의 분열, 남북의 분열 같이 군민의 의견이 분열되면 안 된다.

여주군의 시 승격은 열하일기처럼 길 잃은 시대의 이정표가 될 것이라 확신한다.

# 내 고향 여주시 찬가

**방광업** 전 경기도시공사 경영관리본부장

　　내 고향 여주가 남한강 물 위로 날아올라 118년 만에 옛 여주목牧의 영광을 되찾았다. 조선 예종 1년인 1469년 세종대왕릉인 영릉을 여주 북성산 기슭으로 천장해 여주목으로 승격된 이후, 고종 32년인 1895년 지방조직 개편 시 군郡으로 강등된 지 그간 많은 세월이 흘렀다.

　세상만사가 그러하듯이 모든 것은 변화의 연속이다. 미국의 저명한 정치학자 헤롤 드라스키 교수는 역사는 변해야 할 때 변하지 않으면 안 되며, 변화를 거부할 때는 그 대가를 치러야 한다고 했다. 또한 우리가 사는 이 시대는 변화를 기회로 만들 줄 아는 유연하고 긍정적인 자세가 요구되고 있다.

　자연이나 조직 그리고 인생 모두가 변화의 소용돌이 속에 있다. 그 변화는 마치 동전의 양면과 같아서 우리에게 위기일 수도 있고,

새로운 기회가 될 수도 있다. 그러나 기회는 아무에게나 주어지지는 않는다. 미리 준비하는 자, 그리고 그것을 껴안는 자에게만 찾아올 뿐이다.

그동안 인근 지역들이 도시로 발전해 인구가 늘고 소득이 높아져 잘사는 지역으로 변모돼 가는 것을 바라보면서 여주지역은 뒤지고 있다는 아쉬움을 가진 것도 사실이다. 그 원인은 무엇이었을까. 지역에 대한 변화를 바라는 굳은 의지와 노력이 부족한 것은 아니었던가 싶다. 햇빛이 나면 그늘이 생기듯 발전과 변화 역시 이와 반대 현상들이 따르게 마련이다.

돌이켜 보면 이번 여주시 승격을 둘러싸고 일부 주민들은 농어촌 특례입학 제외 문제와 건강보험료 감면 혜택 축소 등을 우려하는 반대 여론도 만만치 않았음을 간과해서는 아니 될 것이다. 이 또한 우리가 함께 사는 지역 주민들의 중요한 의견들이기 때문이다. 이제 지역 내 반대 의견과 아울러 각계각층의 다양한 의견들을 포용해 문제점들을 하나하나 진지하게 짚어보고 이에 대한 대책을 마련해 나가야 할 것이다.

그간 여주는 남한강에서 비상하는 살기 좋은 여주시의 새로운 꿈을 품어 왔고 그 꿈을 이루었다. 이제 시작이다. 경기도 내에서 뒤늦게 시로 승격됐지만 시민 모두가 하나로 마음을 모아 힘차게 앞으로 나가야 할 것이다. 여주의 큰 변화가 꿈틀거린다.

4대강 사업으로 남한강 물은 항상 맑고 유유히 흐르며 장마철 범람의 우려도 없게 됐다. 이제 성남~여주간 복선전철 시대를 맞이하고, 중부내륙고속도로와 영동고속도로에 이어 제2영동고속도로도 개설될 것이다. 이러한 도로 교통망 시설의 확충은 수도권은 물론 전국으로부터 인적 왕래와 물류 이동을 원활하게 해 인구 유입과 관광객 및 기업 유치의 기폭제가 될 것이다. 또한 문화 교육기반 사업에 중점을 두고 있어 매우 희망적이다.

이제 여주시 출범을 계기로 하여 앞으로 더 큰 변화와 발전을 하기 위해서는 무엇보다도 지역의 도시 기본발전계획과 중장기적인 전략 수립이 필요하다. 이는 장미빛 계획이 아닌 실현 가능한 계획이어야 할 것이다. 시간이 걸릴 것이다. 재원도 필요할 것이다. 그러나 보다 중요한 것은 지역의 기본 발전 방향이 바르게 수립돼야 한다.

도농복합도시로서의 균형 발전을 어떻게 이룩할 것인가. 관광 휴양 보편화 시대에 걸맞는 매력 있는 친환경적인 문화관광 도시를 어떻게 만들 것인가. 지역의 특산품과 특화산업 육성을 통한 지역경제 활성화 그리고 노인과 장애인 등 취약계층에 대한 복리 증진 등이 기본과제가 돼야 할 것이다.

이러한 계획들이 잘 이루어져 상호 유기적인 효과가 나타나면 지역 주민들의 복리 향상과 삶의 질은 높아질 것이며 새로운 꿈을 품고 남한강 물 위로 비상하는 여주시가 되어 우리나라를 선도하는 살기 좋은 아름다운 도시가 될 것이다.

세계 속에서 내 조국 대한민국이 발전하고 앞서기를 바라듯이 나는 내 고향이 큰 꿈을 가지고 발전하기를 마음속 깊이 기원한다.

# "축" 여주시驪州市 승격

**정용진** 시인, 전 미주한국문인협회 회장,
미국 샌디에고 거주, 여주 출신

한반도 제일강산의 명승지 여주驪州는


신륵사에 하루가 저무는 저녁 종소리神勒暮鍾

마암 고깃배의 강물을 밝히는 고교한 불빛馬巖
漁燈

강 건너 학동의 도자기 굽는 연기 자락鶴洞暮煙

강어울에 돛단배 한가히 귀가하는 정겨운 모습燕灘歸帆

양섬에 기러기 떼 다투어 내리는 풍광羊島落鴈

강 건너 숲들이 강물에 서린 평화로운 정경八藪長林

이릉英陵. 寧陵 숲속에서 밤새도록 슬픈 두견울음 소리二陵杜鵑

파사성에 여름 소나기 지나는 투박한 빗방울 소리婆娑過雨

여주 팔경이 보배롭네!

아련한 청심루淸心樓의 전설 속에
마암 위에 우뚝 솟아 명월을 맞이하는 영월루迎月樓여!

산과 들이 평온하고 인심 넉넉하여
송진덩이 같이 찰진 여주 자챗 쌀밥과
밤고구마와 땅콩, 금 잉어가 진상 명품이라

여강驪江 변 북성산 자락에
깃을 펴고 사시는 여주시민들과
전원을 찾아오고 가시는 길손들 모두
배불리 자시고 평안히 가시고 또 오소서.

내 고장 여주는
강산이 수려한 천하의 길지吉地라

천년 명찰 신륵사神勒寺에는 선승禪僧
나옹선사懶翁禪師. 무학대사無學大師의 설법이
만세에 이르도록 창연히 은은하고
고달사高達寺 국보 4호 부도浮屠의 천년 광채가
고고히 푸른 세월 속에 그 숨결이 따사롭네.

이 땅은 천혜의 명당이라 빛 밝고, 물 맑고, 산세가 순하여

성군 세종世宗과 효종孝宗임금님이 삼드시고

서희 장군徐熙. 원호 장군元豪.

이완 대장李浣과 최시형崔時亨 교조敎祖가 쉬시네.


순경태후順敬太后(고려 고종비). 원경왕후元敬王后(이조 태종비)

인현왕후仁顯王后(숙종의 계비). 정순왕후貞純王后(영조의 계비)

순원숙황후順元肅－순조의 비). 효현왕후孝顯王后(헌종의 비)

철인왕후哲仁王后(철종의 비). 명성황후明成皇后(고종의 황후)

명효왕후明孝王后(순종의 비). 현목수빈顯穆綏嬪 박씨(순조의 생모)

부대부인府大夫人 민씨(고종의 모친)가 나셨네.


목은牧隱 이색李穡과 백운거사白雲居士 이규보李奎報가

이곳에서 시문을 빚으시었고

김구용金九容 김안국金安國 김조순金祖淳 김창집金昌集

김창흡金昌翕 민치록閔致錄 임원준任元濬 최숙정崔淑精이

내 고장을 천하 명문으로 빛내셨도다.


삼우당三憂堂 문익점文益漸의 매산서원梅山書院

우암尤庵 송시열宋時烈의 대로서원大老祠－江漢祠

기천沂川 홍명하洪明夏의 기천서원沂川書院

고산孤山 이존오李存吾의 고산서원孤山書院이

여주향교鄕校와 더불어 옛 선비들의 문향文香을 밝혀주는 도다.

우리들의 정다운 보금자리 여주는

조선조 예종 원년에 여주목(驪州牧)으로 승격한 후, 이제

118년 만에 여주시로 거듭나네.

갑돌이와 갑순(박돌이와 박순이)이야

목청을 드높여 내 고향 여주시 승격의 축가를 부르거라.


예는 본시 고구려 골내근현(內乃斤縣) 역사의 명당

앞으로 숱한 인물들이 수없이 탄생하거라.


온 국민들이 가장 살고 싶어 하는 시가 되어라.

사랑합니다! 축하합니다!


내 고향 형제들이여! 여주시민들이여!

영원무궁토록 부강하고 번영하거라!

여주시(驪州市) 승격 만만세!

# 경기 여주郡, 오늘부터 여주市

## 118년 만에 승격

　　경기도 여주군이 23일 시市로 승격된
다. 경기도 지역 31개 기초자치단체 가
운데 28번째 시로, 이제 남은 군郡은 양
평·가평·연천뿐이다.

　　여주는 1469년(조선 예종 원년) 지금의
시에 해당하는 여주목이 됐다. 그러나
1895년(고종 32년) 여주군으로 강등됐고,

**여주시 주요 현황**

| 인구 | 10만9343명 | 중학교 | 13개 |
|---|---|---|---|
| 면적 | 608.29㎢ | 고등학교 | 9개 |
| 2013년 예산 | 4033억원 | 대학교 | 1개 |
| 재정 자립도 | 40.49% | 골프장 | 19개 |
| 초등학교 | 23개 | | |

이번에 118년 만에 다시 도농복합시로 승격하게 됐다. 여주의 작년
말 현재 주민등록 인구는 10만9343명이다.

　　여주시는 23일 시청 앞 야외 특설무대에서 개청식을 비롯해 시민
퍼레이드, 시민의 날 기념식, 경축 문화 공연 등 다양한 기념행사를
연다. 영릉, 명성황후 생가, 신륵사, 목아박물관 등 관내 관광지와
유적지도 무료 개방된다.

　　시로 승격된 여주에는 국고보조금이나 도비가 더 많이 지원된다.

각종 지원을 받는 복지 대상자도 추가로 늘어나고, 국민 기초생활 수급자나 노령연금 대상자 선별을 위한 기본공제액이 상향 조정돼 1600여명이 추가 혜택을 보게 된다.

반면 각종 인허가에 따른 등록면허세는 1건당 2000~1만2000원 가량 오르고 자동차 환경개선부담금은 1대당 3만원, 시설물은 1건당 1만5000원 늘어난다. 건강보험은 농어촌 감면과 농어민 감면 등 50% 감면 혜택이 사라지면서 전체 2만2000여 가구의 30%에 이르는 7000여 가구가 보험료를 더 내야 한다.

여주시의 새로운 슬로건은 '남한강의 비상'으로 결정됐고, 상징 마크는 남한강과 여주의 넓은 평원에서 힘차게 날아오르는 듯한 형상을 한 디자인이 채택됐다.

여주시의 행정구역은 1읍, 3동, 8면으로 출범하게 된다. 여주시는 승격에 맞춰 가남 면을 읍으로 승격하고, 기존의 여주 읍은 여흥동·중앙동·오학동으로 분리했다. 시청 조직도 기존의 34개 실·과 체제에서 안전행정복지국·경제개발국 등 2국, 40개 실·과로 개편된다.

# 오늘부터 '여주시' 승격···
# 전국 52번째 도·농복합시 출범

## 1읍·8면·3동 행정구역 개편··· 시가지 전역 축제 분위기

여주군이 경기도 28번째 시市로 승격된다.

9월 23일은 여주군이 공식적으로 '여주시'로 선포되는 날이다. 여주의 역사가 새롭게 쓰이는 여주시가지 전역은 온통 축제 분위기 일색이다.

전국 235개 기초지자체 가운데 52번째 도·농복합시로 탄생하는 여주시는 지방자치법 시행령 제7조 제2항 2호에서 요구하는 인구 5만 이상의 도시 형태를 갖춘 지역과 도시적 산업 종사 가구 비율 45% 이상, 전국 군지역의 평균 재정자립도 이상 등 법적 요건이 충족되면서 지난해 5월 '시승격추진위원회'를 출범과 함께 시 승격 추진이 본격화됐다.

지난해 초 도·농복합도시 계획을 처음 수립한 여주시는 6월 시 설치 주민여론조사에 이어 군의회 의견 청취 및 도의회 의견제시·의결, 안전행정부 건의서 제출 및 현지실사 등을 받는 등 숨 가쁘게

여주군이 23일 경기도 28번째 시(市)로 승격됐다. 청사 정문의 문패가 '여주시청'으로 바꿔달려 있다. <사진=여주시청>

달려왔다.

올 들어서는 여주시 도·농복합의 시설치 등에 관한 법률 제정안이 입법 예고되고 국무회의 의결과 국회 법사위를 거쳐 지난 5월 7일 국회 본회의에서 최종 의결되면서 여주시 도·농복합도시 설치가 확정됐다.

1895년(고종 32년) '여주목牧'에서 '여주군郡'으로 강등된 지 118년 만에 옛 여주의 영광을 되찾게 되는 여주시는 시민으로서의 위상 강화와 함께 사통팔달 교통요충지로서 더욱 살기 좋은 수도권 지역의 대표적 문화관광 도시로 도약하는 계기가 될 것으로 기대가 모인다.

시로 승격되면서 여주시의 행정체제도 큰 변화를 가져온다. 본청 2실 34개 실·과·소·단이던 행정조직은 23일부터 2국 40개 실·과·소로 확대·개편되며, 10개 읍·면은 1개읍·8개면·3개동으로 개편된다.

여주시는 시 승격을 맞아 260여건의 각종 조례 제·개정, 여주시의 힘찬 비상을 알리는 새로운 이미지의 남한강의 비상을 담은 브랜드 개발과 시가지 및 여주 전 지역의 도로 간판 등을 새롭게 단장했다.

# 여주 3.1운동 관련 자료

550년 여주
두 번째 이야기

천송리 만세운동을 주도한 김용식

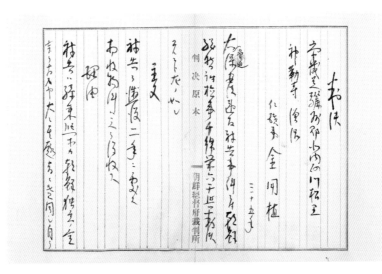

김용식 경성지방법원 판결문(1919.5.9. 협박과 보안법 위반으로 징역 2년 선고)

원필희 일제 감시대상 인물 카드

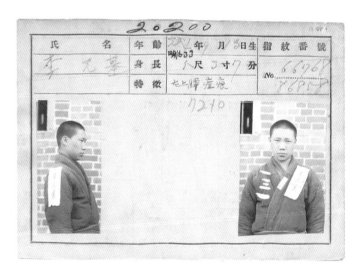

이원기 일제 감시대상 인물 카드

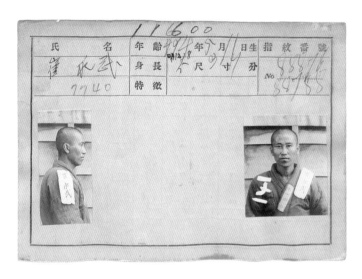

최영무 일제 감시대상 인물 카드

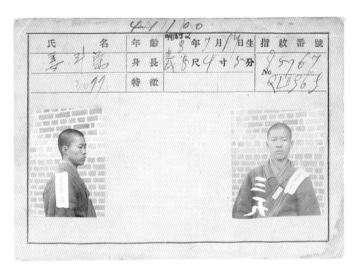

강두영 일제 감시대상 인물 카드

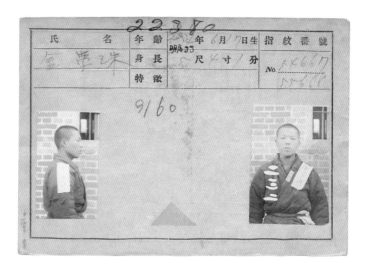

김학수 일제 감시대상 인물 카드

황재옥 일제 감시대상 인물 카드

순국선열 이갑수의 묘 비석

금사면 이포 헌병주재소 자리(현재 금사파출소)

# 참고문헌

- 여주군사편찬위원회, 여주군사 (제1~7권), 2005.

- 여주문화원, 여주와 함께한 사람들, 2007.

- 여주문화원, 세종 인문도시 명품 여주 바로 알기, 2016.

- 여주박물관, 그날의 함성을 기억하다, 2019. 3

- 여주박물관, 여주박물관 이야기, 2021. 12.

- 세종대왕기념사업회, 3.1운동 (교양 국사 총서 31), 2000. 2

- 세종대왕기념사업회, (역저) 공사견문록, 1983.

- 국립민속국악원, 명창을 알면 판소리가 보인다, 2000.

- 경기도 경기문화재단, 경기도 항일운동 인명록, 2020. 2

- 경기도, G Life, 2010. 9

- 문화관광부, 위클리 공감 (408호), 2017.

- 정동성박사추모문집간행위원회, 짧은 삶 크게 살았던 여암 정동성, 2002.

- 김춘석, 550년 여주 이야기, 고감도디자인, 2017.

- 윤정란, 조선 왕비 오백 년사, 이가 출판사. 2008.

- 임혜련, 19세기 수렴청정 연구 (박사 학위 논문), 2008.

- 이승희 역주, 순원왕후의 한글 편지, 도서출판 푸른역사, 2010.

- 이덕일, 조선왕 독살 사건, 다산초당, 2005.

- 한영우, 다시 찾는 우리 역사, 경세원, 1997.

- 정구선, 조선의 출셋길, 장원급제, 팬덤북스, 2010.

- 성흥환, 여강은 알고 있다, 문예촌, 2013.

- 윤종현, (편저) 마음을 깨우는 대화, 도서출판 어드북스, 2011.

- 강효석 저, 김성언 역주, 쉽게 풀어 쓴 대동기문(하), 국학자료원, 2001.

- 국사편찬위원회, 조선왕조실록(https://sillok.history.go.kr/)

- 한국학중앙연구원, 한국민족문화대백과(https://encykorea.aks.ac.kr/)

- 위키백과, 나무위키(https://namu.wiki/w/)

- 두산백과, 두피디아(https://www.doopedia.co.kr)

| | |
|---|---|
| **초판 인쇄** | 2022년 10월 30일 |
| **초판 발행** | 2022년 11월 5일 |

| | |
|---|---|
| **지은이** | 김춘석 |
| **펴낸이** | 김상철 |
| **발행처** | 스타북스 |
| **등록번호** | 제300-2006-00104호 |
| **주소** | 서울시 종로구 종로 19 르메이에르종로타운 B동 920호 |
| **전화** | 02) 735-1312 |
| **팩스** | 02) 735-5501 |
| **이메일** | starbooks22@naver.com |
| **ISBN** | 979-11-5795-666-1  03090 |